LA DÉMOCRATIE

JEAN-MICHEL DUCOMTE

LES ESSENTIELS MILAN

Sommaire

Les mots suivis d'un astérisque (*) sont expliqués dans le glossaire.

LE GOUVERNEMENT DU PEUPLE

DANS L'OPINION COMMUNE, le fait de s'affirmer démocrate ou de qualifier une attitude de démocratique présuppose le partage de certaines valeurs. La démocratie souffre d'une inflation verbale qui rend son analyse difficile. La puissance symbolique acquise par les procédures qui en assurent l'expression (le vote) lui confère la force d'un jugement de valeur et le statut d'aboutissement ultime des régimes politiques. Hier Hegel, aujourd'hui Fukuyama, ont vu dans son avènement, puis dans sa généralisation, le signe d'une fin de l'Histoire. Pourtant, la démocratie, telle que nous la connaissons, est d'invention récente. Les théoriciens modernes ne manquent jamais de faire référence à ses origines grecques et évoquent les conditions de son apparition dans des sociétés de dimensions modestes ne réservant la citoyenneté qu'à une minorité d'hommes libres. Il a fallu inventer le peuple et le doter d'une pleine souveraineté ; il a fallu se délivrer du gouvernement de monarques et de sa légitimité divine ; il a fallu la rupture opérée par les révolutions américaine et surtout française pour que le monde entre dans l'âge démocratique. Toutefois, cette conquête s'est avérée lente et difficile dans son développement géographique. Le XXe siècle restera dans l'Histoire autant comme le siècle des totalitarismes que comme celui de la diffusion du modèle démocratique. La victoire de l'idéal démocratique n'est pas définitivement assurée. D'autant plus que la démocratie, là où elle est la plus ancienne et la moins contestable, semble frappée d'une sorte de langueur. Les citoyens paraissent progressivement s'en détourner par dépit ou indifférence. Elle souffre de n'être plus vécue comme un combat. Pour certains, le peuple, qui peine à se reconnaître dans ses représentants, déserte cette forme politique.

La démocratie antique

La démocratie est née en Grèce, à Athènes. Son avènement coïncide avec les réformes de Clisthène (homme d'État athénien qui favorisa le développement de la démocratie) en 507 avant J.-C. Cependant, cette démocratie antique reste éloignée de l'idéal aujourd'hui défendu.

Dans l'agora, lieu de débats et d'échanges entre les citoyens, Socrate enseigne sa philosophie au peuple.

Les caractères de la démocratie athénienne

Ce modèle démocratique a connu son apogée au Ve siècle avant notre ère, souvent qualifié de « Siècle de Périclès* ».

Les raisons à l'origine des réformes mises en œuvre sont diverses. L'une des plus importantes vient du choix de certaines factions aristocratiques de s'appuyer sur le peuple pour conquérir le pouvoir et s'y maintenir. Concrètement, le pouvoir, jusque-là détenu par le conseil des Quatre-Cents, se déplace vers l'ecclésia, assemblée de tous les citoyens qui se réunit sur l'agora. Tous les citoyens, dans l'espace politique, sont en situation de parfaite égalité : c'est ce que l'on appelle l'isonomie. Au sein de cette assemblée, qui vote la loi et décide de la politique extérieure, chacun peut prendre la parole. L'exécution des décisions est confiée à des magistrats tirés au sort pour des mandats de courte durée. Seuls sont élus les chefs militaires : les stratèges.

L'ostracisme

Votée par l'assemblée des citoyens athéniens, peine d'exil temporaire d'une durée maximale de dix ans à l'encontre de quiconque était soupçonné de vouloir rétablir la tyrannie à son profit.

Un exemple sans réels lendemains

Le modèle athénien, appliqué sur un territoire d'environ 2 500 km^2, ne durera qu'un siècle, puisque, à compter de la guerre du Péloponnèse (415 avant J.-C.), une réaction aristocratique se développe. Par ailleurs, dans le monde grec, l'exemple athénien reste relativement isolé. Ni Sparte, sa rivale, à la monarchie bicéphale et au système aristocratique, ni la Béotie, dotée d'un système fédéral d'inspiration aristocratique, ni la Thessalie, ni la Macédoine, monarchiques, ne disposent d'un modèle équivalent. Parfois, un parallèle est fait entre l'Athènes du « Siècle de Périclès » et la République romaine. Un certain nombre de différences distinguent pourtant les deux systèmes. Outre que les citoyens romains ne disposaient pas d'un droit de vote égal (vote par « centuries », représentant des classes de richesse), le pouvoir était essentiellement détenu par le Sénat et les titulaires de magistratures inscrits dans le « *cursus honorum* », véritable classe politique. Les diverses tentatives de renforcement du pouvoir détenu par le peuple se sont soldées par des échecs.

Tribuns de la plèbe

Magistrats institués à Rome, dès le Ve siècle avant J.-C., pour défendre les intérêts de la plèbe (peuple romain, non servile, n'appartenant pas aux familles patriciennes), dont ils étaient les élus. Leur personne était inviolable et sacrée et ils avaient le droit d'intervenir contre les décisions des autres magistrats ou du Sénat.

Une démocratie athénienne imparfaite

Si tous les citoyens disposaient de droits égaux, seulement une minorité des habitants d'Athènes possédaient la qualité de citoyens. Les esclaves, qui constituaient la population la plus nombreuse, n'avaient ni droits civils ni droits politiques. Les métèques, hommes libres d'origine étrangère, étaient également exclus de la citoyenneté. Les femmes aussi se trouvaient écartées de la vie politique. Par ailleurs, le pouvoir véritable restait entre les mains d'une élite politique, constituée par les citoyens les plus riches, qui participaient aux travaux de l'assemblée et monopolisaient les magistratures les plus importantes. Enfin, si une égalité entre citoyens existait, aucune véritable autonomie individuelle ne leur était reconnue. Des lois régissaient les mœurs ainsi que la religion. Leur méconnaissance était sévèrement sanctionnée : la condamnation à mort de Socrate en est l'illustration la plus connue.

Reposant sur une économie servile, la démocratie athénienne vaut davantage par les principes qui la fondent (égalité des citoyens) que par les pratiques qu'elle a développées.

Le grand silence démocratique

L'aventure démocratique athénienne fut de courte durée. Il fallut plus de deux millénaires pour que, après un long silence, s'opère sa redécouverte.

Le temps des critiques

Les premières critiques à l'encontre de la démocratie sont contemporaines des crises qui préparèrent la conquête de l'Attique par la monarchie macédonienne. Platon* comme Aristote* éprouvent peu de sympathie pour la démocratie. Pour Platon, la démocratie se réduit au régime de la populace influencée par le discours des démagogues et dépourvue de tout projet. Cette démocratie se résume à la gestion des intérêts égoïstes du peuple au détriment de ceux de la communauté, inscrite dans la durée. Selon lui, seul celui qui sait, c'est-à-dire le philosophe, est apte au commandement. La critique d'Aristote est d'une autre nature. Même si l'on ne peut soupçonner le peuple d'incompétence, il convient que le pouvoir soit exercé par les meilleurs. La légitimité* démocratique du pouvoir doit donc s'accompagner d'une dimension aristocratique.

L'édit de Caracalla

Décision impériale, édictée en 212, au terme de laquelle le droit de cité était conféré à l'ensemble des habitants de l'Empire romain. Cependant, elle ne s'est pas traduite par la reconnaissance d'une citoyenneté véritable, car les habitants de l'Empire restaient les sujets d'un pouvoir absolu.

Un pouvoir de droit divin

À ces critiques va s'adjoindre un autre phénomène qui rendra inconcevable, pour longtemps, toute nouvelle émergence de la démocratie: l'acquisition par le pouvoir d'une dimension théocratique. À partir de la divinisation de l'empereur à Rome, prolongée par l'instauration d'une monarchie de droit divin, le peuple cesse d'être la source du pouvoir.

L'apparition de nouveaux cadres territoriaux du pouvoir

La démocratie athénienne disposait d'un cadre territorial adapté à son exercice. Le développement

Théocraties

Aujourd'hui encore, les pouvoirs disposant d'un fondement religieux, comme c'est le cas dans un certain nombre de pays musulmans (Iran, Arabie Saoudite), demeurent opposés au développement de la démocratie.

de logiques impériales puis l'apparition de l'État moderne feront obstacle à l'émergence de pratiques démocratiques. Ce n'est pas sans raison que les légistes de Philippe le Bel, puis Bodin en France et Hobbes en Angleterre inventeront les principes sur lesquels se construira l'absolutisme monarchique. Dans une société aux traditions juridiques diverses et où les conditions de soumission à la couronne n'ont pas toujours été pacifiques, seul un pouvoir absolu et centralisé semblait en mesure de lutter contre les forces de division internes. Le seul pacte social concevable est alors celui qui soumet totalement les individus au pouvoir. Ce dernier, placé entre les mains du monarque de droit divin, doit être souverain et s'imposer face aux revendications d'un pluralisme social inorganisé.

La mort du peuple

L'organisation en « ordres » de la société, l'assignation par naissance de chaque individu à un statut constituaient un facteur complémentaire faisant obstacle à l'émergence d'une communauté de citoyens. Chacun n'existait qu'au travers des privilèges ou des lois privés dont il disposait en qualité de membre d'un ordre particulier ou que son statut lui interdisait de revendiquer. Il n'était pas question d'autonomie individuelle ni de reconnaissance d'une capacité de décision personnelle ; rien de ce qui, à Athènes sous Périclès* et, plus tard, après la Révolution française, apparaît comme l'essence de la citoyenneté : l'égalité en droit des citoyens. Cela explique que, au cours du XVIIIe siècle, l'essentiel des critiques à l'encontre de la monarchie absolue aient insisté sur la reconnaissance des corps intermédiaires (Montesquieu*) ou la revendication d'une liberté minimale de conscience (Voltaire).

L'existence d'un pouvoir doté d'un fondement divin et d'une société organisée en ordres ignorant l'individu a longtemps constitué un obstacle déterminant à l'émergence de pratiques démocratiques.

La naissance de la démocratie moderne

La démocratie moderne est, pour l'essentiel, fille des révolutions américaine et française. Toutefois, elle ne fut pas ultérieurement admise comme une évidence.

> **Les fondements juridiques**
>
> **Deux articles de la Déclaration des droits de l'homme et du citoyen du 26 août 1789 précisent les fondements de la démocratie moderne : « Article 3 : La loi est l'expression de la volonté générale. Tous les Citoyens ont le droit de concourir personnellement, ou par leurs Représentants, à sa formation. » « Article 16 : Toute société dans laquelle la garantie des droits n'est pas assurée, ni la séparation des pouvoirs organisée, n'a point de Constitution. »**

Une rupture révolutionnaire

Au cours du XVIIIe siècle, si les critiques adressées à l'absolutisme royal préparèrent l'émergence d'une conviction démocratique, c'est dans les actes révolutionnaires qui se déroulèrent dans les colonies américaines de l'Angleterre puis en France, en 1789, qu'il faut chercher l'origine de la démocratie moderne. En face d'un pouvoir trop lointain pour pouvoir décider légitimement ou trop verrouillé du fait de son fondement religieux, seule la subversion révolutionnaire restait possible. On rechercha un fondement nouveau du pouvoir, capable de se substituer à l'ancien principe de légitimité*. Dans les colonies anglaises, ce fut le peuple ; en France, la nation. Désormais, et c'est là l'acte révolutionnaire fondateur, le pouvoir ne tire plus sa légitimité d'une prédestination divine, mais de sa capacité à représenter la nation ou le peuple. Cette première démarche se compléta de la proclamation des droits dont les individus restaient titulaires et qu'ils pouvaient opposer aux empiétements de l'État, et ce, quels que soient les abandons de souveraineté qu'ils avaient consenti pour constituer le pacte social. Dans les déclarations de droits qui suivirent l'instant révolutionnaire, l'on voit se dessiner les contours d'une démocratie d'un genre nouveau, tout aussi attachée à fonder le pouvoir qu'à en limiter la capacité d'action. La démocratie moderne s'affirme libérale.

La séparation des pouvoirs

Fréquemment, on oppose Montesquieu*, l'aristocrate libéral, à Rousseau*, le démocrate doctrinaire. Dans l'esprit de ce dernier, le pouvoir du peuple ne peut être divisé. À l'inverse, chez Montesquieu, comme « *tout homme qui a du pouvoir est porté à en abuser* », il convient, en procédant à une séparation entre les pouvoirs législatif, exécutif et judiciaire, de parvenir à ce que, « *par une disposition naturelle des choses, le pouvoir arrête le pouvoir* ». Tant aux États-Unis qu'en France, cette idée d'une nécessaire limitation du pouvoir par sa division s'est imposée comme composante de la démocratie moderne et comme complément nécessaire de la déclaration et de la garantie des droits accordés aux individus. Il y a là une méfiance à l'égard des emballements majoritaires et une volonté de doter la nouvelle souveraineté* (nationale ou populaire) d'un cadre juridique fixé par une Constitution. À l'idée de légitimité démocratique du pouvoir est adjointe celle d'une nécessaire régularité juridique de son fonctionnement. Il s'agit d'un changement considérable par rapport à la conception grecque de la démocratie.

L'État de droit

La conviction de la nécessité d'un encadrement juridique du pouvoir d'État sera théorisée à la fin du XIXe siècle en Allemagne. L'État est nécessairement tenu de respecter les règles qu'il édicte, et ces dernières, selon leur place dans la hiérarchie des normes, doivent être conformes aux règles édictées par l'autorité supérieure. Cette idée d'une autolimitation de l'État par le droit confirme la dimension libérale qu'a acquise la démocratie sous sa forme moderne.

Les fondements politiques

« Le fondement du gouvernement du peuple dans sa version moderne ne se trouve ni dans la taille de la république, ni dans la proximité entre gouvernants et gouvernés, mais dans la souveraineté absolue du peuple, représenté dans chacun des pouvoirs du gouvernement : exécutif, législatif et judiciaire. »
Federalist Papers **(recueil des 85 articles de Madison, Jay et Hamilton publiés entre 1787 et 1788).**

Née de la contestation d'un pouvoir monarchique, la démocratie moderne, tout en cherchant à fonder le pouvoir sur le peuple ou la nation, va s'attacher à garantir les droits de l'individu et à limiter le pouvoir en le divisant.

Une nouvelle philosophie politique

Porteuse d'une rupture radicale dans l'organisation du pouvoir et son fondement, la démocratie moderne apparaît comme une forme politique au contenu révolutionnaire.

Le crépuscule des dieux

Si l'on se réfère à l'étymologie du terme, la démocratie se caractérise par le fait que le pouvoir est détenu par le peuple. Ainsi se distingue-t-elle de la monarchie ou de la tyrannie (le pouvoir d'un seul), et de l'aristocratie ou de l'oligarchie (le pouvoir de quelques-uns). Mais, pour que le peuple devienne détenteur du pouvoir, il a fallu que l'homme ne soit plus reconnu qu'au travers de sa seule humanité. Les déterminismes qui le poussaient à agir ou à obéir ne trouvent plus alors leur origine dans des vérités transcendantes. Avec la démocratie, le pouvoir est rendu autant au peuple qu'aux hommes qui le composent. Son avènement marque, sinon la mort des dieux, du moins leur incapacité à servir de référence dans la construction d'une conscience civique. Il fallait que soit inventé un humanisme civique qui permette à l'homme de s'accomplir dans sa condition de citoyen, c'est-à-dire au travers de sa capacité à construire la société, à égalité de droits avec ses semblables. La démocratie repose sur la supériorité

Laïcité et démocratie

Le développement de la démocratie coïncide avec un mouvement de sécularisation de la société. À bien des égards, la laïcité tout à la fois favorise la démocratie et prend appui sur elle pour se développer.

de la volonté humaine et sa capacité autonome à façonner l'avenir tout en comprenant les leçons du passé.

Un lieu vide

En même temps que le ciel « se vide », le pouvoir se désincarne : sa légitimité* n'est pas le produit d'une référence divine ni sa contestation la preuve d'un sacrilège. Alors que, dans les systèmes monarchique ou aristocratique, l'autorité est nécessairement « incarnée » dans la personne du prince, dans la démocratie, « *le lieu du pouvoir s'avère infigurable* », comme le souligne Claude Lefort (analyste de la démocratie moderne). Il est entre les mains du peuple, totalité indifférenciée et mouvante, et personne ne peut ni ne doit s'en approprier l'exercice, si ce n'est sous la forme d'une délégation temporaire et révocable. Le pouvoir appartient à ceux sur lesquels il s'exercera. Des mécanismes régissent et encadrent son exercice et justifient la fonction régulatrice dévolue à la règle de droit. Expression de la volonté générale, la loi exprime ce qui est souhaitable dans l'instant, sans jamais pouvoir être arrêtée ou encadrée par autre chose que l'expression majoritaire des volontés individuelles.

Une dialectique de l'un et du multiple

Toutes les autres formes de pouvoir reposent sur une distinction figée entre gouvernants et gouvernés. Les uns et les autres, disposant de leur propre univers de reproduction sociale, ne se rencontrent que dans l'obligation faite aux seconds d'obéir aux commandements des premiers. La démocratie opère, symboliquement, de façon radicalement différente. La multitude des citoyens, par acte de volonté, constitue l'unité du corps politique. Le peuple, qui en est l'expression, crée la loi, laquelle, une fois adoptée, s'applique également à chaque individu. Tel est le paradoxe de la démocratie telle que l'a théorisée Jean-Jacques Rousseau*. Chacun, se soumettant à la loi, n'obéit finalement qu'à lui-même.

La démocratie moderne, par l'importance qu'elle accorde au principe d'égalité en droit des citoyens et des individus, mais aussi par l'affranchissement qu'elle suppose du pouvoir à l'égard des déterminismes religieux, constitue une rupture essentielle.

Quelques théories

Si Rousseau fait figure d'inventeur de la démocratie moderne, Tocqueville, avec le regard du sociologue, puis Habermas et Rawls en ont précisé les conditions de fonctionnement.

Jean-Jacques Rousseau (1712-1778)

Jean-Jacques Rousseau : la théorie du contrat social

C'est à partir d'une approche purement rationnelle du politique que Rousseau* tente de dégager les fondements de la démocratie. Son projet repose sur une distinction radicale entre l'homme naturel et le citoyen. Ce dernier, guidé par sa seule raison, constate qu'un ordre social ne peut être juste que s'il garantit l'égalité et la liberté de ceux qui en sont membres. Mais encore faut-il préciser les conditions qui permettent de passer de la multitude des hommes au peuple des citoyens. Cette transformation de l'homme naturel sera réalisée par le contrat social*, instituant le peuple comme un tout et créant le citoyen comme acteur politique. Cet acte fondateur étant posé, chacun doit désormais se soumettre à la loi votée par le peuple, c'est-à-dire à la volonté générale. Deux objections ont été opposées à cette théorie. Rien ne permet de considérer que les citoyens agissent toujours de façon raisonnable. Par ailleurs, reste à définir comment mettre en place la volonté générale. À la première objection, Rousseau répond par une pirouette : « *Un tel gouvernement si parfait ne convient pas à des hommes.* » À la seconde, il oppose la loi de la majorité, que certains qualifieront de dictature de la majorité.

« Chacun de nous met en commun sa personne et toute sa puissance sous la suprême direction de la volonté générale, et nous recevons chaque membre comme partie indivisible du tout. »
Jean-Jacques Rousseau

Alexis de Tocqueville : les dangers de l'égalité

Les théories du pacte social

La notion de contrat ou de pacte social n'a pas été inventée par Rousseau. D'autres auteurs y font également référence sans nécessairement lui donner un contenu démocratique, comme Grotius, Hobbes, Spinoza ou Pufendorf.

Tocqueville* s'interdit tout jugement sur la marche des sociétés modernes vers la démocratie. Ce qui l'intéresse, au travers d'une démarche sociologique, c'est la prédominance de l'égalité, dans les conditions et non dans les droits, par rapport à l'aspiration à la liberté. « *La liberté politique donne de temps en temps, à un certain nombre des citoyens, de sublimes plaisirs. L'égalité fournit chaque jour une multitude de petites jouissances à chaque homme.* » Or, à mesure que l'égalité des conditions se réalise, elle anéantit l'esprit de compétition de même que la soif individuelle de réalisation et laisse place au conformisme. Le pouvoir n'appartient ni à quelques-uns ni à tous, mais au plus grand nombre. Chacun est conduit à élaborer de petites stratégies égoïstes de satisfaction individuelle sous l'éclairage d'un conformisme majoritaire.

John Rawls et Jürgen Habermas : la justice et l'espace public

Rawls* reprend la question de la difficile articulation entre liberté et égalité en tentant de dépasser leur contradiction au travers de l'idée de justice. Celle-ci peut être résumée comme l'ensemble des valeurs, principes, comportements et projets reconnus et acceptés par tous les groupes sociaux, quelle que soit leur origine ou leur statut. Habermas* s'est attaché à préciser les conditions qui permettent de donner vie à la démocratie, en la faisant sortir de la tentation d'un enfermement procédural. On lui doit la redécouverte de l'espace public conçu comme le lieu symbolique au sein duquel les citoyens, affranchis de l'écran que constituent les médias et autres intermédiaires, échangent et discutent rationnellement du contenu de leurs « intersubjectivités » afin de dégager une conviction partagée du bien commun.

Si la démocratie est d'abord une pratique, celle-ci se fonde sur des présupposés théoriques. Ainsi, la notion de contrat social dispose-t-elle d'une portée essentielle.

Le peuple

La démocratie est souvent définie comme «*le gouvernement du peuple, par le peuple et pour le peuple*». Bien qu'il s'agisse d'une réalité évidente, son analyse peut s'avérer complexe.

Un peuple institué

Le peuple de la démocratie ne se confond pas avec la masse des individus vivant, à un moment déterminé, en un lieu particulier. Selon la terminologie grecque, le peuple de la démocratie est le *dêmos* (communauté politique des hommes libres), parfaitement distinct du *laos* (ensemble indifférencié des habitants) et de l'*ethnos*, qui en repère les caractéristiques culturelles. Ce sont les droits attribués au peuple qui permettent de l'identifier. Cette question de l'institution du peuple sera largement débattue lors de la Révolution française. Elle conduira à opposer les tenants de la souveraineté* populaire, partisans de la reconnaissance la plus large de droits politiques aux citoyens, aux défenseurs de la souveraineté nationale, qui voyaient dans le droit de vote une fonction et non un droit, et qui valorisaient l'idée de représentation contre celle de démocratie directe. C'est cette singularité du peuple de la démocratie qui explique la possibilité de réserver seulement à certaines catégories de personnes, selon leur âge, leur sexe, leur fortune (vote censitaire) ou leur degré d'instruction (vote capacitaire), l'usage des droits conférés aux citoyens.

Classe sociale

L'analyse marxiste appréhende le peuple non point comme un tout indifférencié, mais comme un ensemble de classes sociales fondées sur l'existence de rapports de domination économique. Le processus révolutionnaire s'alimente aux contradictions qui naissent de ces situations de domination.

Un peuple instituant

La démocratie suppose l'organisation du peuple au travers de l'établissement d'un contrat social* qui construit la société

Césarisme démocratique

Mode de gouvernement autoritaire fondé sur l'établissement d'un lien de confiance entre le peuple et le chef de l'État et que matérialise le recours au plébiscite. Le premier et le second Empire français en constituent la traduction la plus achevée.

politique. Pour Jean-Jacques Rousseau*, ce contrat a pour objet l'aliénation de la part de souveraineté dont chaque citoyen dispose au profit de la communauté politique. Par ailleurs, la volonté du peuple s'exprime au travers de la loi, dont le contenu s'imposera à chacun. Le citoyen est, dans le même temps, acteur de la décision politique, traduite sous forme de norme juridique, et sujet contraint de s'y soumettre. Enfin, par son vote, le citoyen est investi de la capacité de se donner des représentants et de légitimer le mandat qu'il leur confère.

Un peuple « introuvable »

Ce peuple, on le voudrait attaché en permanence à la satisfaction de l'intérêt général. Rousseau considérait que le régime politique qu'il avait conçu ne pouvait convenir qu'à « *un peuple de dieux* ». Mais le peuple n'est pas seulement « introuvable », car il n'est pas celui que l'on pourrait souhaiter. La difficulté principale à identifier le rôle qui lui revient tient dans sa représentation. Très souvent, son pouvoir se limitera à désigner ceux qui sont chargés de vouloir en son nom. Sa puissance est moins celle d'un acteur que celle d'un pourvoyeur de légitimité*. Il existe par son vote et non par sa diversité sociologique. En revanche, il suffit qu'un doute naisse sur la légitimité du pouvoir pour que le peuple, quittant le cadre procédural par lequel s'expriment ses choix, retrouve sa diversité, ses fractures, ses emportements. C'est alors le peuple de la révolution, tout aussi difficile à identifier que celui de la démocratie et, en même temps, profondément différent de ce dernier.

Acteur principal de la démocratie, le peuple conserve une part de son mystère. Selon qu'on l'aborde au travers des droits civiques qui lui sont conférés ou dans sa complexité sociologique, selon également les moments de l'Histoire, il peut apparaître comme la source de la légitimité d'un pouvoir qu'il a institué ou comme une force de subversion d'un pouvoir qu'il rejette.

La formation du citoyen

Il n'y a pas de démocratie possible sans un enseignement en direction du peuple. Cela explique le parallélisme souvent souligné entre le développement de l'éducation et la démocratisation des institutions et de la société.

Jean Macé

En 1866, Jean Macé pose les bases de ce qui allait devenir la Ligue de l'enseignement, vaste mouvement d'éducation populaire qui fut, par ailleurs, de tous les combats en faveur d'une école gratuite, laïque et obligatoire.

IIe République

L'introduction du suffrage universel sans éducation préalable explique la victoire de Louis-Napoléon Bonaparte à l'élection présidentielle (on votait pour une légende) et d'une majorité parlementaire royaliste (signe de l'influence des notables de la monarchie de Juillet).

Le nécessaire « enseignement du peuple »

L'implantation, puis le développement, de pratiques démocratiques fut souvent le résultat de combats visant à l'organisation d'un débat construit entre les citoyens. Il est certain que sans une éducation susceptible d'éclairer les choix des citoyens, la démocratie aurait toutes les chances de rester formelle. Dès 1792, Condorcet (philosophe et homme politique – 1743-1794) proposa une gratuité totale de l'instruction. Il complétait cette proposition par le refus d'admettre « *dans l'instruction publique l'enseignement d'aucun culte* ». Un enseignement gratuit et laïque, que Robespierre (responsable du gouvernement révolutionnaire de juillet 1793 au 9 thermidor an II) proposait de rendre obligatoire. À compter de la Révolution, les maîtres d'école sont appelés instituteurs. À eux la charge, par l'éducation, d'instituer la nation, car il n'y a pas de démocratie concevable sans une ouverture à tous de l'univers de la connaissance. Il fallait inventer une école en mesure de former des citoyens capables non seulement de comprendre le monde, mais aussi formés à une capacité délibérative pour dépasser les attachements à leurs univers d'appartenance et se sentir membres de l'universalité de la communauté des citoyens. Une école qui ne soit pas, comme le dit Régis Debray (écrivain politique français), « *une juxtaposition de groupes de pression* », mais « *un lieu où sont suspendus, d'un commun accord, les particularismes et les conditions de fait* ». Une école républicaine qui constitue le creuset incontestable de la citoyenneté pour apprendre à « être » tout autant qu'à « savoir ».

En 1912, une cour de récréation dans une école laïque, libérée de tout culte. De nouvelles bases de l'éducation sont alors posées.

Les fonctions de l'école

L'école assume trois fonctions qui, correctement imbriquées, permettent à la citoyenneté de s'exprimer. Elle donne d'abord à voir et à critiquer ; elle habitue à distinguer savoir et certitudes et elle apprend le doute. En deuxième lieu, elle transmet une mémoire, une histoire, des modes culturelles et permet d'inscrire la réflexion dans une épaisseur temporelle pour retirer les leçons du passé. Enfin, comme le souligne Dominique Schnapper (sociologue, membre du Conseil constitutionnel), « *elle forme un espace fictif à l'image de la société politique elle-même* [...]. *L'abstraction de la société scolaire doit former l'enfant à comprendre et à maîtriser l'abstraction de la société politique.* » L'on comprend que les autoritarismes se satisfassent de l'inculture ou de l'analphabétisme quand ils ne peuvent parvenir à totalement endoctriner. Il n'y a de citoyen qu'instruit, et donc critique.

Une patience éducative

L'exigence d'une formation du citoyen au jugement politique, l'accession à une capacité d'arrachement à l'égard des appartenances construites par la tradition expliquent la prudence initiale dans l'octroi du droit de vote ou dans l'organisation d'élections dont certains régimes issus de processus révolutionnaires ont pu faire preuve. Cependant, ceux-ci affichaient leur attachement à la démocratie. Les radicaux, sous la IIIe République, utilisèrent l'argument d'une insuffisance d'éducation pour différer l'octroi du droit de vote aux femmes.

Le combat pour l'éducation a, en permanence, accompagné le processus de démocratisation des sociétés modernes. L'action conduite sous la IIIe République en faveur d'une école laïque, gratuite et obligatoire constitue un exemple particulièrement digne d'intérêt.

L'information du citoyen

La démocratie suppose, de la part du citoyen, des choix et arbitrages constants. Cette nécessité impose qu'il soit correctement informé des enjeux qui fonderont ses choix.

La une du *Petit Journal*, illustrant la dégradation du Capitaine Dreyfus, accusé, à tort, de trahison en 1894.

Les médias

La démocratie est souvent présentée comme un régime d'opinion, c'est-à-dire un système politique au sein duquel les informations circulent librement par le relais des médias et, aujourd'hui des nouvelles technologies d'information et de communication. Le foisonnement de médias atteste de l'importance de la communication dans la formation de l'opinion des citoyens. À l'inverse, toute remise en cause de la démocratie s'accompagne d'une censure de l'information. Les médias doivent pouvoir exprimer un pluralisme d'opinions contradictoires. Cette exigence est, aujourd'hui, de moins en moins respectée. La constitution de groupes de communication de taille internationale, leur soumission à des impératifs de rentabilité, les convergences d'intérêts qu'ils nouent avec d'autres acteurs économiques les conduisent à offrir ce qui flatte plus que ce qui dérange, ce qui plaît plus que ce qui suscite réflexion.

L'intellectuel organique

Antonio Gramsci, théoricien marxiste italien, formera le souhait d'une constitution d'« *intellectuels organiques du prolétariat* », afin d'aider la classe ouvrière à prendre conscience de son aliénation.

Les partis politiques

Pour éclairer ses choix, le citoyen ne doit pas seulement être en mesure de comprendre le monde qui l'entoure, il doit inscrire sa compréhension dans un cadre de référence idéologique. Telle est la fonction des partis politiques. Porteurs d'un projet idéologique global, ils ont pour rôle, à l'occasion des élections, de susciter le vote des citoyens au profit des candidats qui s'en réclament. La capacité militante dont ils disposent leur permet d'engager un travail de conviction et d'information auprès des électeurs. Souvent confinés dans un rôle de sélection des candidats, ils ont perdu une part de leur mission de construction de projets d'avenir à partir de repères idéologiques identifiés. Transformés en machines électorales, ils risquent progressivement de perdre leur substance militante. Ainsi confirmeraient-ils les intuitions formulées par Robert Michels (sociologue d'origine allemande – 1876-1936) il y a près d'un siècle sur l'existence d'une tendance naturelle des partis politiques à développer, même au sein des démocraties, des caractères oligarchiques.

Silvio Berlusconi

L'accès à la présidence du Conseil italienne du dirigeant du plus grand empire de communication de la péninsule démontre le danger que représente la capacité d'influence induite par une concentration économique sans contrôle.

Les intellectuels

Lors de l'affaire Dreyfus, une nouvelle catégorie de médiateurs d'opinion fit son entrée dans l'espace démocratique : les intellectuels. Bien que le mot n'existât pas encore pour les qualifier, les philosophes des « Lumières » au XVIIIe siècle, les penseurs républicains du XIXe siècle étaient déjà des « intellectuels ». Mais c'est incontestablement au cours du XXe siècle que leur rôle fut le plus visible et leur engagement le plus discuté. « *Homme du culturel mis en situation d'homme du politique* », selon la formule du professeur Pascal Ory, l'intellectuel a tenté de remplir une fonction de conscience critique et éclairée, mettant sa notoriété au service de causes essentielles ou que son engagement rendait essentielles.

Si l'exigence d'une information du citoyen, indispensable à la construction de son opinion, semble aujourd'hui satisfaite, il n'est pas inutile de poser un regard critique sur le mode de fonctionnement des divers médiateurs de cette information.

Un espace public de délibération

Depuis l'agora d'Athènes s'est imposée la nécessité d'un espace, réel ou symbolique, au sein duquel les débats entre citoyens puissent s'engager pour construire une conviction partagée du bien commun.

Une fausse évidence

La définition du concept d'espace public n'est pas aisée, en dépit de son apparente évidence. L'on pressent la distinction « public/privé ». Chez les Grecs, ce qui est public est essentiellement ce qui se joue dans l'agora. Là se noue le dialogue libre de citoyens égaux d'où naîtra la loi commune. À l'inverse, la sphère privée est assimilée à la sphère domestique, où se développent les activités de nécessité, où des hiérarchies peuvent se dessiner, des convictions se construire. La distinction a été affinée, systématisée au travers de l'affirmation du caractère laïque des institutions républicaines. Les deux univers, public et privé, devaient être clairement distingués, et un principe d'étanchéité entre une sphère publique devenue neutre et l'ordre des convictions individuelles, libre construction identitaire de chacun, devait s'imposer dans les limites définies par loi.

Agora

Place publique dans les cités grecques. À Athènes, c'est le lieu où se réunissait l'assemblée des citoyens. Dans la République romaine, si le forum est également une place publique à caractère politique, judiciaire, religieux et commercial, il n'est pas l'espace de la décision politique.

La vision habermasienne

L'approche la plus construite de l'espace public est celle proposée par le philosophe allemand Jürgen Habermas*. Pour lui, l'émergence d'une « sphère publique » peut être datée du XVIIIe siècle, lorsque s'opère une dissociation entre l'opinion publique et le pouvoir étatique, pourvu d'une légitimité* autonome fondée sur le droit divin. La fonction première de cet espace public sera, et reste encore, de permettre l'expression d'une capacité de critique et de contestation. Il est un espace de délibération informée au sein duquel s'ébauche le contenu de la décision politique.

L'origine du mot

À partir de la fin du XVIIe siècle, l'espace public désigne des lieux concrets, comme les cafés, les théâtres ou les salons, fréquentés par les intellectuels ou la partie cultivée de la population.

Les conditions de fonctionnement

Deux exigences doivent être respectées afin que cet espace public remplisse sa mission. D'abord, une exigence de publicité, c'est-à-dire un « usage public de la raison ». C'est dans la confrontation publique de convictions raisonnées que peut se construire une décision légitime et acceptable par tous. Mais ici, la raison n'est pas donnée comme un absolu. Elle est propre à chaque individu en fonction de sa construction personnelle ; l'échange public des convictions s'opère au sein d'un « espace d'intersubjectivité raisonnable ». Vient s'y adjoindre un « pouvoir communicationnel », capacité de mise en relation entre les convictions construites dans l'espace privé. Tous les points de vue doivent se confronter. Pour cela, la liberté communicative doit se montrer respectueuse de la diversité sociale. Ainsi conçu, l'espace public favorise l'expression de positions diverses. Ces dernières sont le reflet de la variété des statuts, des histoires… au sein de la société civile. L'espace public se singularise plus par son mode de fonctionnement que par son contenu. En permanence s'y trouve une part de « privé ». À l'inverse, le privé ne renvoie pas nécessairement à la sphère de l'intimité. Par ailleurs, il ne peut y avoir d'espace public qu'occupé par des citoyens soumettant à débat leurs convictions élaborées dans le cadre de leurs appartenances.

Considérée comme un concept permettant de définir la pratique démocratique, la notion d'espace public dispose d'une portée plus pédagogique que réellement concrète.

Une société civile organisée

Si l'égalité en droits des citoyens apparaît comme la condition première de la démocratie, celle-ci ne saurait prospérer sans la reconnaissance d'une évidente diversité des aspirations, des engagements, des appartenances qui traversent la société civile.

> **Pierre Bourdieu**
> ***« L'opinion publique n'existe pas ».*** **Dans cet article, publié en 1973, Pierre Bourdieu développe une critique de la pratique des sondages d'opinion et de l'usage fait de leurs résultats.**

La société civile : une notion contestée

La société civile recouvre des réalités diverses et parfois contradictoires. Pour certains, elle représenterait l'antithèse de la classe politique. Ainsi dans un gouvernement est-il fréquent que soient distingués des ministres représentant telle ou telle force politique des ministres « issus de la société civile » avec un soupçon de fraîcheur ou d'amateurisme. Dans la théorie marxiste, la notion de « société civile » renvoie à l'idée de contrainte intériorisée ; la « société politique » décrit l'appareil de contrainte incarné par l'État, placé au service de la classe dominante. Dans la pensée grecque, et notamment chez Aristote*, la société civile (*politike koinômia*) regroupe l'ensemble des communautés naturelles. Ultérieurement, le terme va acquérir un sens plus précis dont la définition apparaît essentiellement négative. Relèverait de l'univers de la société civile l'ensemble des activités et organisations issues des secteurs économiques, sociaux, culturels, associatifs, etc., qui ne peuvent être directement rattachés à la sphère du pouvoir d'État.

Une organisation nécessaire

L'idée du contrat social* conclu entre citoyens donne une image déformée et réductrice de la société. Ce n'est pas parce que les citoyens disposent des mêmes droits qu'ils en font un usage identique. En fonction de leur vécu personnel, selon les liens d'appartenance sociale qu'ils construisent, leur regard sur la société n'est pas le même. Mais ce regard ne dispose pas d'une singularité telle qu'elle le ferait considérer comme irréductible. Nombre d'engagements ne peuvent être conduits qu'au terme d'une structuration des priorités et d'une inscription dans la durée des énergies sociales mobilisées à leur service. Cela explique l'exigence ressentie, très tôt, de doter la société civile de modes d'organisation (associations, syndicats, partis politiques) permettant à chacun de participer d'un projet dont la mise en œuvre nécessite la sollicitation de forces sociales convergentes. Cependant, cette évidence mit du temps à s'imposer, parce que soupçonnée par des théoriciens libéraux de mettre en cause l'autonomie de décision des individus.

L'organisation de la société civile

C'est à partir de la IIIe République, en France, que, successivement avec les syndicats (1884), les associations (1901) et les partis politiques, la société civile se donna les moyens d'une organisation et d'une expression cohérentes.

Une opinion publique

Une société civile d'individus égaux en droit mais singuliers dans leurs références, vivant les rapports de domination ou les rêves d'émancipation par référence à des constructions idéologiques diverses, peut-elle exprimer une opinion? Dispose-t-elle d'une conviction mesurable qui permette de discerner la façon dont elle perçoit le monde dans lequel elle vit ? La possibilité d'exprimer son choix par son vote n'est pas suffisante. Dans un premier temps, au début du XIXe siècle, réduite aux intellectuels et à la bourgeoisie, l'opinion publique est devenue l'expression d'une protestation populaire sous la pression du mouvement ouvrier. Aujourd'hui, elle tend a être assimilée au sentiment national dominant, scientifiquement mesurable. Image transitoire, l'opinion publique peut exercer une véritable dictature sur les gouvernants, qui peuvent être tentés de privilégier ce qui lui plaît.

Souvent critiquée pour son imprécision, la notion de société civile permet de traduire une diversité sociale dont le principe d'égalité en droit des citoyens ne rend pas exactement compte.

La responsabilité des gouvernants

Il n'est pas de pouvoir démocratique sans la reconnaissance d'une responsabilité à la charge de ceux qui exercent ce pouvoir. Cette responsabilité dispose d'une organisation et d'une efficacité variables.

La Cour de justice de la République

Instituée par une révision constitutionnelle en 1993, elle est chargée de juger les membres du gouvernement à raison des actes commis à l'occasion de leurs fonctions et qui constituent des crimes ou des délits. Elle eut à connaître de l'affaire du « sang contaminé » (procès qui mit en cause plusieurs ministres).

Responsabilité du président de la République

En vertu d'une décision du Conseil constitutionnel en date du 22 janvier 1999, le président de la République ne peut être poursuivi, pendant la durée de son mandat, que pour haute trahison, et ce devant la Haute Cour de justice.

Une responsabilité de principe

La démocratie représentative implique un certain dessaisissement des citoyens. Après qu'a été accompli le vote, les élus disposent, pendant la durée de leur mandat, d'une pleine aptitude à assumer les fonctions qui leur ont été confiées. La distance entre gouvernants et gouvernés – le représentant n'est le miroir exact ni de la volonté ni des aspirations des représentés – a été conçue, dès l'instauration de la démocratie moderne, comme problématique. Une première réponse, de nature juridique, a été apportée sous la forme d'une limitation de la durée des mandats : plus un mandat est de courte durée, plus la responsabilité de celui qui l'exerce est considérée comme pourvue d'une réalité indiscutable. Telle fut la conviction exprimée dans les diverses Constitutions élaborées par les révolutionnaires français après 1789. Ainsi l'élection remplit-elle à la fois une fonction de choix et, par ailleurs, d'approbation ou de rejet de l'action conduite par la personne titulaire du mandat. Les conditions d'une compétition politique ouverte doivent être créées, offrant une possibilité de choix politiques distincts et clairs, pour que l'alternance entre des forces politiques ait un sens.

Les modalités de la responsabilité

L'idée d'une responsabilité des gouvernants précède l'émergence de la démocratie moderne et dépasse le cadre des régimes politiques qui s'en réclament. La mise à mort des époux Ceausescu (dictateur roumain exécuté en 1989), concluant le débat sur leur responsa-

Gros titre sur la démission de Richard Nixon, en 1974, suite à l'affaire du Watergate, qui engendra une grave crise constitutionnelle aux États-Unis.

bilité, n'était pas nécessairement le signe d'une conversion du pouvoir roumain aux vertus de la démocratie. Longtemps la responsabilité des gouvernants prit la forme d'une accusation, parfois parée d'une fonction d'exorcisme. Tel fut le cas en Angleterre avec l'*impeachment* (encore pratiqué aux États-Unis), dont l'évolution permit de transformer la responsabilité pénale en responsabilité politique. Pour devenir démocratique, la responsabilité des titulaires du pouvoir devait se transformer en mécanisme d'endossement des conséquences de l'action conduite sous leur autorité ou avec leur assentiment. La mise en jeu d'une telle responsabilité a imposé l'organisation de mécanismes qui ont dessiné progressivement les contours de la démocratie parlementaire*. Le gouvernement est responsable devant l'organe législatif lorsque ce dernier lui refuse sa confiance ou le censure. Le Parlement est susceptible de voir sa responsabilité engagée devant le peuple au travers de l'usage du droit de dissolution. Cette pacification des rapports politiques, introduite par la démocratie et le passage qu'elle a favorisé d'une responsabilité-mise en accusation à une responsabilité-endossement, semble aujourd'hui partiellement remise en cause. À mesure que le peuple redevient opinion publique et paraît se détourner du politique, la recherche de coupables refait surface. Il y a, dans ce phénomène de pénalisation de la vie publique, une incontestable régression.

L'importance accordée à la question de la responsabilité des gouvernants, si elle traduit une salutaire réaction de la société en face de comportements jugés contestables, peut entraîner certaines dérives en direction soit d'une pénalisation généralisée de la vie publique (« affaire Monica Lewinsky »), soit d'un gouvernement des juges.

Le droit de vote : une conquête

La conquête de la citoyenneté et de ses attributs, comme le droit de vote, fut le résultat d'un long combat.

Le vote des femmes

Dès le XIXe siècle, un certain nombre d'États avaient accordé le droit de vote aux femmes : la Grande-Bretagne, la Bohême, la Russie, la Finlande, la Norvège, le Danemark, etc.

Le temps du citoyen-propriétaire

Au lendemain de la Révolution française, si l'égalité des statuts civils et la liberté étaient admises, le droit de suffrage restait limité à ceux qui avaient l'indépendance nécessaire pour se déterminer politiquement du fait de leur situation de fortune. Ce fut le temps du citoyen-propriétaire. L'universalisation du droit de vote opérée en préambule à l'instauration de la Ire République n'eut pas de prolongements immédiats. L'idée s'en perdit après le reflux révolutionnaire qui devait suivre, tenant le peuple à distance avec des justifications diverses. Bonaparte, s'il se posa en héritier de la Révolution, comptait plus sur la rationalité administrative que sur la démocratie pour s'imposer. La question de la citoyenneté ne devait jamais se poser pour le régime de la Restauration. Si élire les députés paraissait une concession à l'esprit du siècle, le système mis en place créait un ordre capacitaire, réduisant la classe politique à une coterie de privilégiés. La monarchie bourgeoise de 1830 n'y devait rien changer.

Vers le suffrage universel

La révolution de février 1848 fut nécessaire pour que l'idée de suffrage universel, bien qu'uniquement masculin, s'impose. La crainte des républicains de voir le suffrage universel servir une ambition populiste ou

Le premier vote des femmes, en France, en 1945.

nobiliaire, à défaut d'une éducation du peuple, devait se confirmer tant lors de l'élection présidentielle (favorable à Louis-Napoléon Bonaparte) que lors des élections législatives (majorité monarchiste composée des notables de la monarchie de Juillet). Cette majorité devait se donner les moyens de restreindre encore la possibilité d'expression de la citoyenneté nouvellement conquise. Louis-Napoléon Bonaparte, après le coup d'État de décembre 1851, rétablit le suffrage universel. Cependant, l'abaissement du pouvoir législatif, l'encadrement de la liberté d'expression, la pratique de la candidature officielle et le recours au plébiscite rendaient vain le droit de suffrage reconquis.

Loi du 31 mai 1850

Selon cette loi, pour être électeur, il convient de justifier de trois ans de domicile dans la même commune. Cette mesure devait priver du droit de vote 2,5 millions d'électeurs, essentiellement des ouvriers.

Le vote des femmes

Le rétablissement de la République permit au droit de suffrage de s'exercer à nouveau librement. Mais était-il concevable de n'en réserver l'usage qu'aux hommes ? Tout au long de la IIIe République s'imposa l'idée, défendue par les radicaux, que le vote féminin serait soit la copie conforme du vote marital (donc inutile), soit déterminé par une trop grande fidélité cléricale (donc dangereux pour une république en cours de construction). Les femmes accédèrent à des responsabilités ministérielles fort tardivement et de façon exceptionnelle. Il fallut attendre la Libération pour que les femmes françaises se voient pleinement reconnaître le droit de vote.

Le combat continue

Le combat n'est pas encore terminé ni l'universalité totalement acquise. Ce n'est qu'en 1974 que la majorité électorale fut abaissée à 18 ans. Aujourd'hui, la question de maintenir ou pas le lien exclusif qui, jusqu'à aujourd'hui, unit nationalité et droit de vote se pose. Le problème symbolique du droit de vote des immigrés doit être posé et résolu dans la transparence après s'être interrogé sur ce qui légitime la participation de chacun, par son vote, soit à la détermination du bien commun, soit à l'élection de ceux qui auront tâche de le définir.

Conquis au terme de combats et d'une vigilance constants, le droit de vote reste le mode le plus courant d'exercice de la citoyenneté.

Les systèmes électoraux

La démocratie représentative suppose l'organisation d'un mode de scrutin qui permette de départager les candidats en présence et de désigner les représentants de la nation

Systèmes mixtes

Aucun système électoral ne prétend incarner la perfection. Cela explique le choix parfois opéré en faveur de systèmes mixtes qui mêlent scrutin majoritaire, destiné à dégager des majorités, et scrutin proportionnel, permettant aux minorités de disposer d'une représentation. Tel est le cas en Allemagne. En France, un tel système existe pour les élections municipales et sera mis en œuvre lors des prochaines élections régionales.

Quelques règles générales

Dans un régime démocratique, l'élection remplit trois fonctions : d'abord, la désignation des gouvernants par ceux qu'ils représenteront le temps de leur mandat ; en deuxième lieu, parce que l'élection départage des candidats et des programmes électoraux, elle traduit le rapport des forces politiques ; enfin, elle assure aux représentants la légitimité* nécessaire à l'exercice de leur mandat. En France, un souci d'égalité dans les campagnes électorales, joint à une volonté de moralisation de la vie publique, a conduit à fixer un plafond des dépenses et à instaurer un système de financement public des campagnes. Une honorabilité minimale des candidats est requise, c'est pourquoi sont inéligibles les personnes coupables d'infractions pénales ou n'ayant pas respecté les règles du financement des campagnes électorales. Le vote doit être soustrait à toute pression, il est donc individuel et secret.

Les principaux modes de scrutin

L'on distingue le scrutin majoritaire du scrutin proportionnel. Le premier, le plus ancien, fut utilisé pour la première fois en Angleterre en 1265 pour élire le Parlement britannique. Son principe : est déclaré élu le candidat ayant obtenu le plus grand nombre de voix dans une circonscription déterminée. L'élection peut avoir lieu à un ou à deux tours de scrutin. Pour être élu au premier tour, il convient d'obtenir une majorité absolue ; à défaut, un second tour est organisé, au terme duquel est proclamé élu le candidat ayant obtenu le plus

Élection présidentielle américaine de l'année 2000

George W. Bush a été élu président alors qu'il était minoritaire en voix. Telle est l'une des conséquences possibles du scrutin majoritaire à un tour, surtout lorsque le décompte des voix se fait par États fédérés.

grand nombre de voix. Fréquemment ne peuvent se maintenir au second tour que les deux candidats arrivés en tête au premier ou ceux ayant obtenu, au premier tour, un certain pourcentage de voix. Le scrutin proportionnel vise à assurer aux diverses forces politiques une représentation proportionnelle aux suffrages obtenus : il s'agit d'un scrutin de liste. Après décompte, l'on détermine un quotient électoral en divisant le nombre de suffrages exprimés par le nombre de sièges à pourvoir. Chaque fois qu'une liste atteint le quotient électoral, elle obtient un siège.

Les effets des systèmes électoraux

Alors que le scrutin majoritaire favorise l'élection de majorités stables, l'amplification de la représentation qu'il induit est souvent accusée d'être source d'injustice. Le mode proportionnel, à l'inverse, par l'éparpillement de la représentation, peut rendre difficile l'émergence d'une majorité claire et stable, conférant un rôle excessif aux « partis charnières ». Au-delà, les modes de scrutin déterminent des choix de stratégie de la part des forces politiques. Selon le professeur Maurice Duverger, le système de partis est le résultat mécanique du mode de scrutin. Le scrutin majoritaire à un tour déterminerait l'émergence d'un bipartisme sur le modèle britannique ; le majoritaire à deux tours, un multipartisme souple (les partis ayant l'obligation de s'inscrire dans des stratégies d'alliance en vue du second tour); enfin, la représentation proportionnelle engendrerait un multipartisme éclaté (les diverses forces politiques ayant tendance à accentuer leur singularité). La réalité est plus complexe et démontre le poids des cultures nationales, de même que l'influence des conflits qui traversent le tissu social.

Destinés à permettre l'expression du suffrage, les systèmes électoraux ne sont jamais neutres et le choix qui peut être fait de telle ou telle organisation n'est pas toujours exempt d'arrière-pensées.

L'esprit de résistance

Si la démocratie s'exprime principalement au travers du vote, il peut arriver, lorsque la loi paraît injuste ou que s'érode la confiance dans les représentants élus, que le peuple s'insurge ou désobéisse.

« Résistance et obéissance, voilà les deux vertus du citoyen. Par l'obéissance il assure l'ordre ; par la résistance il assure la liberté. [...] Obéir en résistant, voilà tout le secret. »
Alain, *Propos*.

« Il n'y aura pas de République vraie tant que la classe ouvrière ne pourra pas, par ses manifestations, montrer directement sa volonté. »
Édouard Vaillant

Le droit à l'insurrection

Fréquemment théorisé, plus rarement organisé dans les textes, le droit à l'insurrection donne au peuple la capacité de contester par la force un pouvoir qui aurait perdu sa confiance. Hébert (défenseur d'une ligne révolutionnaire radicale) et ses amis politiques (« les enragés ») furent les premiers, au temps de la Convention, à en expérimenter les vertus pour contraindre le gouvernement révolutionnaire à accélérer le cours de la Révolution. Le nom que l'on associe au droit à l'insurrection reste celui d'Auguste Blanqui (théoricien socialiste français – 1805-1881), « l'Enfermé », qui initia le culte de la révolution permanente. Si les théoriciens de ce droit à l'insurrection sont nombreux au sein du courant révolutionnaire, peu de textes y font expressément référence. Le seul que l'on puisse citer est l'article 35 de la Déclaration des droits de l'homme et du citoyen de 1793.

La désobéissance civile

D'inspiration antiautoritaire et marquée par une méfiance de principe à l'égard de l'État s'est développée la théorie de la désobéissance civile. À l'inverse du droit à l'insurrection, qui relève de l'action collective et militante, elle présente une dimension essentiellement individualiste. Elle est évoquée dans l'œuvre de Paul-Louis Courier, auteur d'une critique radicale du pouvoir et des puissants, ainsi que chez le philosophe Alain, auteur du *Citoyen contre*

> « Quand le gouvernement viole les droits du peuple, l'insurrection est, pour le peuple et pour chaque partie du peuple, le plus sacré des droits et le plus indispensable des devoirs. »
> **Article 35 de la Déclaration des droits de l'homme et du citoyen du 24 juin 1793.**

les pouvoirs, dans ses *Propos*. Ce dernier considère que le citoyen, s'il « *doit obéir de corps* », ne doit jamais « *obéir d'esprit* ». Plus radicale encore est la critique conduite par Max Stirner (philosophe allemand – 1806-1856) dans son ouvrage *L'Unique et sa propriété*. Pas plus que le peuple, l'homme n'existe en tant que catégorie. Seul importe le « Moi », l'« Unique », dont le souci est d'accroître son pouvoir propre dans une association libre et révocable en permanence avec les autres « Moi ». La notion et la pratique de la désobéissance civile restent encore aujourd'hui associées au nom de Henry David Thoreau (essayiste américain – 1817-1862), qui lui consacrera, en 1849, un petit opuscule, *Du devoir de désobéissance civile* : « *Le meilleur gouvernement est celui qui gouverne le moins.* » En effet, la loi de la majorité n'a de sens que si elle se conforme à un idéal de justice et de vérité. En toute autre circonstance, elle doit être dénoncée et n'être point obéie.

Le 28 juillet, ou la Liberté guidant le peuple sur les barricades (1830), d'Eugène Delacroix, (1798-1863). Allégorie de l'épisode révolutionnaire.

Manifestations et pétitions

Dans la conception classique de la démocratie représentative, l'espace public tend à se réduire à l'enceinte du Parlement et l'expression du peuple à l'acte de voter. Très tôt, la rue fut considérée comme le lieu de développement d'une expression contestataire. Jules Guesde (homme politique français d'inspiration marxiste – 1845-1922) revendiquait un « droit à la rue », prolongement nécessaire du droit de vote. Progressivement, à mesure que s'organisait la société civile, le droit de manifester et l'usage qui en était fait sont apparus comme une composante nécessaire de la pratique démocratique. De façon complémentaire, le droit de pétition permet aux citoyens de se manifester auprès de leurs représentants.

La démocratie ne se réduit pas à l'usage du droit de vote. Une vigilance critique peut s'avérer nécessaire, sous la forme d'un pouvoir de la rue qui redonne au peuple la pleine maîtrise de sa souveraineté*.

L'État-nation

L'État moderne, cadre naturel de développement de la politique, a offert à la démocratie les conditions de son affirmation. Les remises en cause dont il est aujourd'hui l'objet conduisent à repenser son rôle.

Lieu de naissance et développement de la démocratie moderne

La forme juridique de l'État n'induit pas nécessairement le choix d'une forme particulière de pouvoir ou de gouvernement. Toutefois, un lien fort s'est établi entre la réalité juridique qu'il représente et l'existence d'une nation qui sert de fondement sociologique à son existence et de lieu d'exercice de ses prérogatives et enfin marque de son empreinte la démocratie moderne. Hegel* voyait d'ailleurs dans l'État-nation la forme politique ultime dans laquelle devait se déployer la promesse démocratique. Tout d'abord, la souveraineté* de l'État permet de doter la communauté des citoyens d'une cohérence forte et identifiable. Par ailleurs, le fait que la nation ou le peuple soient reconnus titulaires de la souveraineté dans l'État donne une légitimité* particulière au « *monopole de la contrainte physique* » dans lequel Max Weber voyait la caractéristique essentielle de l'institution étatique. Cela explique le lien établi entre la nationalité et l'attribution des droits politiques du citoyen. Seuls les titulaires de la nationalité d'un État accèdent à la qualité de citoyens. Il s'agit là d'une réalité ancienne qui existait déjà dans le cadre de la démocratie antique. De plus, l'État, transformé en « instituteur » puis mécanicien du social, devenant acteur de l'économie, s'est donné les moyens de réaliser la promesse

L'unité de la nation

Article 3 de la Déclaration des droits de l'homme et du citoyen du 26 août 1789 : « Le principe de toute souveraineté réside essentiellement dans la nation. Nul individu ne peut exercer d'autorité qui n'en émane expressément. »

d'égalisation d'une démocratie devenue sociale. Étant l'incarnation d'un intérêt général légitimé par l'assentiment des citoyens, les missions dont il s'est progressivement chargé ont donné substance au projet émancipateur de la démocratie.

La dérive nationaliste

Nombre d'États, nouvellement constitués, semblent se donner pour projet la valorisation de crispations nationalistes et non la construction d'une nation dont l'unité politique constitue la meilleure garantie d'un pluralisme social ou culturel.

Le temps du doute

L'État est confronté à une douloureuse remise en cause tant de ses missions que de sa souveraineté. De nouveaux acteurs sont apparus sur la scène internationale. Certains sont étrangers au champ strictement politique (les entreprises multinationales); d'autres, revendiquant fortement leur appartenance à cet univers, suscitent l'adhésion d'une opinion publique internationale en cours de constitution, mais s'expriment dans un cadre géographique qui dépasse celui de l'État-nation. Aujourd'hui, il est vrai que nombre de politiques comme la défense de l'environnement, la lutte contre le terrorisme ou le crime organisé ne sont concevables et efficaces qu'à l'échelon continental, voire planétaire. Des solidarités s'organisent par-delà les États. À l'inverse, par un mouvement de compensation, des logiques identitaires et des stratégies « tribales » émergent. Leur puissance tend à détruire l'unité du corps politique pour lui substituer une logique communautaire qui cherche à se faire admettre au travers de politiques de reconnaissance. Au motif que la société serait devenue, ou plus exactement apparaîtrait multiculturelle, il faudrait que la démocratie le soit. Cette conviction repose sur une confusion entre pluralisme social et pluralisme civique. Le peuple de la démocratie n'a de sens que s'il est composé de citoyens titulaires de droits égaux.

La démocratie moderne s'est développée dans le cadre de l'État-nation. Aujourd'hui, il apparaît que le lien qui les unissait tend à se distendre. L'État n'est pas nécessairement démocratique, ni la démocratie réductible à l'État.

La démocratie locale

Pour répondre à l'essoufflement de la démocratie dans le cadre étatique est née la tentation de rapprocher le pouvoir du citoyen. L'idée est plus ancienne qu'il n'y paraît et les solutions proposées peuvent parfois sembler se réduire à une commodité de vocabulaire.

L'infirmité démocratique de l'intercommunalité

Le choix de privilégier le regroupement des communes au sein de diverses formes d'intercommunalité ne s'est pas accompagné de l'organisation d'une élection de leurs organes dirigeants au suffrage universel direct.

« La nécessité des libertés locales »

La Révolution française fut unificatrice des statuts et des droits. Il y eut bien l'opposition entre Girondins (sous la Révolution française, défenseurs d'une conception décentralisée de la République) et Montagnards (attachés à une République plus unitaire), mais jamais elle ne se traduisit par l'expression d'une vision différente de l'indivisibilité républicaine, matrice de la vision française de la démocratie. Bonaparte amplifia la dimension centralisatrice de cette unification de l'espace politique. La revendication de libertés locales considérées comme une garantie démocratique fut d'abord le fait des libéraux. Ils y voyaient un complément utile de la séparation des pouvoirs. Alexis de Tocqueville* souligne que seule l'existence de contre-pouvoirs locaux peut maintenir l'esprit de liberté et conduire les citoyens à sortir de leur isolement. « *C'est dans la commune que réside l'énergie d'un peuple libre ; les institutions communales sont à la liberté ce que les écoles primaires sont à la science, elles la mettent à la portée de tous.* » Cet ancrage initialement libéral – si l'on fait exception du fédéralisme anarchiste de Proudhon* – de la revendication décentralisatrice la rendit longtemps suspecte aux républicains, d'autant que d'autres courants, ni républicains ni démocratiques, ont pu s'en emparer, comme le courant monarchiste de l'Action française.

Décentraliser ne suffit pas

Décentraliser l'État n'a d'autre objet que d'attribuer à des collectivités infraétatiques un certain nombre de compétences. Ainsi, en elle-même, la décentralisation n'est pas garante d'une meilleure participation des citoyens à la gestion de leurs problèmes. Mieux même peut naître la tentation de constitution de fiefs locaux autour d'un renforcement de la notabilisation du personnel politique. Toutefois, principalement dans le cadre communal, une perception plus immédiate des enjeux politiques par les citoyens peut favoriser l'émergence d'une vie associative qui permette d'organiser une discussion plus informée avec les élus. Par ailleurs, de façon timide, des tentatives d'introduction de procédures de consultation ou de démocratie directe ont été conduites sous la forme, notamment, de référendums d'initiative populaire. L'on est loin de la cité antique ou du communalisme anarchiste souhaité par Proudhon, mais modestement la perspective d'une redynamisation des ressorts de l'esprit civique dans l'espace local se profile. La démocratie locale doit encore inventer ses pratiques, et ses lieux d'exercice méritent d'être précisés.

La constitutionnalisation de la démocratie locale

Article 72-1 de la Constitution de la Ve République : « [...] les projets de délibération ou d'actes relevant de la compétence d'une collectivité territoriale peuvent, à son initiative, être soumis, par la voie du référendum, à la décision des électeurs inscrits dans le ressort de cette collectivité. »

L'illusion de la proximité

Sans nécessairement disposer d'un lien avec la décentralisation, une formule nouvelle est récemment apparue : la « démocratie de proximité ». Ce mot a bénéficié d'une reconnaissance législative avec l'adoption de la loi sur la démocratie de proximité. En vérité, la proximité n'a jamais constitué une vertu, tout au plus peut-on la constater, en veillant à éviter qu'elle ne se transforme en connivence. Ce n'est pas parce que le pouvoir s'exerce plus près des citoyens que ses décisions sont plus pertinentes et sa légitimité* plus grande. Plus que de proximité, la démocratie requiert une aptitude permanente à engager un débat ouvert sur les choix politiques qui conditionnent le devenir de la collectivité, quelle que soit sa dimension.

« *Agir localement, penser globalement* » : l'on voit parfois dans la démocratie locale un champ d'expérimentation de la démocratie participative. Une telle appréciation mérite d'être nuancée.

L'entreprise

La revendication démocratique a gagné un certain nombre de secteurs qui lui paraissaient étrangers, comme l'entreprise, et plus largement l'ensemble de la vie économique.

> **Les lois Auroux**
>
> En 1982, divers textes législatifs tentèrent d'assurer un renforcement de la compétence des organes de représentation collective des salariés au sein des entreprises. Des moyens nouveaux leur furent donnés. Il serait cependant abusif de considérer que ces dispositions ont créé une véritable « citoyenneté » d'entreprise.

L'entreprise : un objet démocratique paradoxal ?

Dans sa définition première, héritée de l'Antiquité grecque, la démocratie n'était applicable qu'au sein du système politique conçu comme espace d'élaboration du bien commun, soumis à délibération. La distinction entre espace public et espace privé marquait la limite entre ce qui relevait de la politique et ce qui relevait des rapports marchands. Dans la logique capitaliste, qui s'est imposée parallèlement à la redécouverte de la démocratie, les rapports économiques et sociaux au sein ou à la périphérie des entreprises semblaient rebelles à toute appréhension démocratique. Le lien établi entre pouvoir économique et droit de propriété excluait tout regard sur les choix de l'entrepreneur, à la recherche du plus grand profit. Les salariés n'avaient d'autre droit que d'obtenir la rémunération qu'ils étaient censés avoir librement négociée. Les théoriciens du socialisme comme Karl Marx* ont remis en cause le fondement du pouvoir économique au travers d'une critique de l'appropriation privée des moyens de production. Il n'y a pas de préoccupation démocratique, conçue comme une prise de partie sur la légitimation du pouvoir et son exercice, ni dans la vision capitaliste initiale de l'entreprise, ni dans sa critique socialiste. C'est celui qui détenait le pouvoir économique qui l'exerçait pleinement.

L'entreprise : un objet démocratique apprivoisé

Ces deux postures radicales n'ont pas empêché la modification des rapports sociaux au sein de l'entreprise et le développement de pratiques que l'on peut qualifier de démocratiques. Des organes de représentation des salariés, comme les comités d'entreprise, ont vu le jour et ont été dotés de moyens d'information et d'action en ce qui concerne la politique sociale de l'entreprise. Les syndicats ont acquis une capacité de négociation collective qui en fait des partenaires des pouvoirs publics et des détenteurs du pouvoir économique. Il arrive que le rapprochement avec la démocratie politique se précise, comme dans le cas de l'autogestion (pouvoir de décision dévolu aux salariés). Dans cette hypothèse, les travailleurs, titulaires du pouvoir de direction de l'entreprise, doivent l'exercer tant dans l'intérêt de chacun que dans celui de la collectivité qu'ils constituent. L'entreprise est à la fois outil de travail, cadre de réalisation du projet économique qu'ils auront conçu et espace dans lequel, et au service duquel, ils confronteront leurs points de vue.

> L'entreprise a cessé d'être le lieu d'expression d'un pouvoir économique fondé sur la propriété privée des moyens de production pour devenir, sous la pression du mouvement social, un espace où un débat démocratique a modestement émergé.

Une démocratie économique ?

Hors du cadre de l'entreprise, une logique d'institutionnalisation de la représentation des intérêts économiques et sociaux a été engagée ; le Conseil économique et social l'illustre assez bien. De tels organes ne disposent, le plus souvent, que d'une compétence consultative. Toutefois, c'est à un autre titre que l'économie paraît gagnée par la démocratie. Le temps est à la « gouvernance ». Derrière l'effet de mode, le choix du terme, emprunté à l'économie d'entreprise, exprime l'existence d'interdépendances fortes entre les acteurs, les procédures de la démocratie politique et ceux qui donnent vie à la société civile.

L'Europe

L'Europe a constitué le lieu géographique d'émergence de la démocratie, tant sous sa forme antique que dans sa pratique moderne. À l'heure où se précisent les conditions de son unité, elle semble éprouver quelques difficultés à concevoir son avenir démocratique.

Article 6 du Traité d'Union européenne

« L'Union est fondée sur les principes de la liberté, de la démocratie, du respect des droits de l'homme et des libertés fondamentales, ainsi que de l'État de droit, principes qui sont communs aux États membres. »

La démocratie : un principe fondateur de l'identité européenne

La démocratie ne se réduit pas à une référence historique qui se serait progressivement diffusée dans le cadre d'un nombre sans cesse plus important d'États-nations. Dès les lendemains du second conflit mondial, il a fallu penser la démocratie comme garantie d'une pacification des relations entre les États du continent européen et ensuite comme fondement du projet de son unification économique puis politique. C'est au sein du Conseil de l'Europe, créé en 1949, que s'est constituée une véritable conscience démocratique européenne, avec l'élaboration d'une Convention européenne des droits de l'homme et des libertés fondamentales, dont le respect fait l'objet d'une garantie juridictionnelle. La création ultérieure de la Communauté européenne s'est fondée sur des abandons de souveraineté* consentis par les États membres et s'est prolongée en 1992 par une Union européenne instituée par le traité de Maastricht*. Cela a conduit à poser en termes nouveaux la question de la démocratie. Désormais, le nouvel édifice institutionnel mis en place devait fonctionner démocratiquement. Cette exigence, au départ implicite, a été clairement posée par l'article 6 du Traité d'Union avant d'être mentionné dans le préambule de la *Charte des droits fondamentaux de l'Union européenne* (Conseil européen de Nice, décembre 2000).

Une mise en œuvre hésitante

Il est devenu courant de stigmatiser le défaut de respiration démocratique de la Communauté ou de l'Union

L'hémicycle du Parlement européen.

européenne, comme si son statut d'« *objet politique non identifié* », selon la formule de Jacques Delors (président de la Commission européenne de 1985 à 1994), la rendait imperméable à toute appropriation par les citoyens qui constituent le peuple des États membres. Robert Schuman (ministre des Affaires étrangères français en 1950), initiateur de l'expérience communautaire, souhaitait procéder par étapes en identifiant des champs de coopération, au départ réduits, placés sous la responsabilité conjointe d'un pouvoir d'expertise supranational indépendant des États et d'un pouvoir diplomatique interétatique. Si l'on ajoute à cela la dimension principalement économique des politiques communes, l'on peut concevoir la difficulté des citoyens à s'en reconnaître acteurs. Pour eux, le système communautaire se réduit trop souvent à un ensemble de règles juridiques contraignantes, élaborées en dehors de leur assentiment. Des mesures ont été adoptées pour compenser ce déficit démocratique. Le Parlement européen est élu au suffrage universel depuis 1979. Ses pouvoirs, tant d'investiture et de contrôle de la Commission que de participation à la décision communautaire, ont été renforcés. Une « citoyenneté de l'Union » a été affirmée par le traité de Maastricht. L'on peut souhaiter que la décision d'élaborer une Constitution européenne soit l'occasion de repenser lucidement la question d'un fondement démocratique de l'Union.

Élargissement et démocratie

En 1993, l'Union européenne a défini les critères que devraient respecter les États candidats à une adhésion. Est notamment imposée l'existence d'« *institutions stables garantissant la démocratie* ».

L'Europe ne pourra disposer d'une identité reconnue par les peuples qui la constituent et d'une capacité réelle d'action internationale que si elle est pourvue d'une réelle légitimité* démocratique.

Démocratie directe, démocratie représentative

Le vote émis par le citoyen n'a pas toujours la même portée. Dans certains cas, il permet de décider, dans d'autres de choisir, dans d'autres encore de donner son opinion.

La démocratie directe

La démocratie directe évoquée par Rousseau* dans son Contrat social est la seule à respecter, en théorie, le principe d'égalité entre les citoyens. Rousseau lui-même mesurait la difficulté de sa mise en œuvre, qu'il réservait à un «*peuple de dieux*». Théorie cependant insuffisante dont les consécrations positives démontrent l'infirmité. Cela est d'autant plus vrai que, dans les démocraties modernes, la démocratie directe se limite souvent à la pratique du référendum. L'analyse des conditions de construction des convictions et l'exigence d'une délibération préalable indispensable à l'émergence de la volonté générale lui font défaut. La pratique démontre que, trop souvent, la démocratie directe n'est que le masque populiste d'une démocratie de consentement. À défaut d'initiative populaire, le peuple est conduit à donner son consentement à des textes élaborés par les gouvernants sans possibilité de les amender. Ce qui est recherché, ce sont les vertus légitimantes de l'onction populaire au bénéfice d'un texte ou d'un homme, comme le révèle la pratique plébiscitaire du césarisme démocratique (premier et second Empire en France).

Référendum et plébiscite

Alors que le référendum tend à faire approuver un texte par le peuple, le plébiscite a pour finalité l'approbation d'un homme. Si les deux pratiques ont des origines et des étymologies distinctes, la pratique a parfois conduit à les rapprocher. Ainsi, sous les apparences d'une démocratie directe peut se cacher une démocratie consentante.

La démocratie représentative

La démocratie représentative, celle dans laquelle le choix des citoyens s'exprime au travers de la désignation de représentants, peut sembler à la fois décevante dans son principe et porteuse d'une garantie de plus grande efficacité. Le citoyen ne décidera pas lui-même, mais le débat démocratique qui précède la sélection de ses représentants permet de supposer un choix éclairé, sur la base de programmes construits. Elle manifeste une plus grande sensibilité aux règles de procédure qui encadrent le vote et l'exercice des mandats politiques. Selon le mode de scrutin choisi (proportionnel ou majoritaire), la représentation rendra compte, au plus près, du choix des électeurs ou permettra de dégager une majorité. Selon que les mandats sont renouvelables ou non, cumulables ou non, compatibles avec d'autres activités ou non, la vérification par les citoyens du respect de leurs choix s'opérera de façon plus ou moins commode et crédible.

La démocratie consultative

La démocratie peut n'être que consultative. Une telle pratique est compatible tant avec la démocratie directe qu'avec la démocratie représentative. Elle vise à recueillir l'avis des citoyens préalablement à une prise de décision. En soi, elle ne soulève pas de difficultés tant qu'elle ne se transforme pas en « démocratie d'opinion », dominée par une véritable « sondocratie » qui tendrait à faire prendre l'expression transitoire d'humeurs pour de vrais choix démocratiques. Ses dangers sont de plusieurs natures : le vote devient au mieux confirmatif, au pire, inutile ; qu'importe le vote dès lors que les sondages démontrent que les choix sont déjà faits ; les représentants du peuple peuvent avoir tendance à calquer leur politique sur les humeurs de l'opinion publique, oubliant que gouverner, c'est inscrire l'action conduite dans une temporalité qui n'est pas celle de l'instant.

> L'idéal que représente la démocratie ne se laisse que difficilement enfermer dans une forme institutionnelle. Si des procédures diverses existent, c'est plus l'esprit qui préside à leur usage que les règles qui les entourent qui garantissent la démocratie.

La question sociale

Si la démocratie fut inventée pour faire pièce au pouvoir des rois, il n'est pas interdit d'affirmer qu'elle devint représentative pour faire obstacle au pouvoir de la « classe dangereuse ». Cela permet de mieux comprendre l'importance que devait acquérir la « question sociale » dans l'évolution des régimes démocratiques.

La critique de la démocratie formelle

Les révolutionnaires de 1789 choisirent la souveraineté* nationale, qui impliquait la représentation, et non la souveraineté populaire. Voter était une fonction et non pas un droit lié à la qualité de citoyen. Cette vision libérale explique le procès instruit, dès le XIXe siècle, par divers courants socialiste à l'encontre de la démocratie formelle. Saint-Simon (théoricien d'un socialisme productiviste – 1760-1825), Fourier (théoricien du socialisme utopique – 1772-1837) puis Proudhon*, sur des registres différents, considèrent que l'État et la démocratie sous sa forme représentative sont incapables d'apporter une solution à la question sociale ou d'améliorer la condition ouvrière. Ils s'attacheront de diverses manières à remettre en cause la propriété, qu'ils considèrent comme facteur principal d'aliénation. Toutefois, la critique la plus radicale de la démocratie bourgeoise est celle formulée par Karl Marx*. Aucun pouvoir ne peut être considéré comme légitime, quel que soit le mode de désignation de ses détenteurs, dès lors qu'il exprime la

> « *Louis Blanc, dans ses* **Confessions d'un révolutionnaire**, *représente le socialisme gouvernemental, la révolution par le pouvoir, comme je représente le socialisme démocratique, la révolution par le peuple. Un abîme existe entre nous.* »
> **Proudhon**

domination d'une classe sociale. C'est la lutte des classes et la victoire révolutionnaire du prolétariat qui permettront d'en finir avec les logiques d'aliénation fondées sur l'appropriation privée des moyens de production. Si l'objectif final est celui du dépérissement de l'État, la révolution implique l'instauration d'une dictature du prolétariat dont Lénine (organisateur de la révolution bolchevique de 1917 – 1870-1924) théorisera, plus tard, les conditions.

La démocratie saisie par la question sociale

Les droits et libertés consentis en 1789 créaient les conditions formelles d'une démocratisation à la fois des institutions et de la société. Mais ces droits devaient se révéler une bien modeste garantie contre l'évidence de situations d'inégalité sociale et économique. À l'idée d'égalité en droit va progressivement, sous la pression sociale, se substituer celle d'égalisation. Aux « droits de », déclarés en 1789, vont s'adjoindre progressivement les « droits à », créances que l'individu peut faire valoir contre la société, qui seront systématisés au lendemain du deuxième conflit mondial. À un État absent du champ social, simple veilleur de nuit du capitalisme, se substitue un État pourvoyeur de sociabilité, « instituteur du social » puis régulateur de l'économie. La démocratie ne se limite plus au droit de vote, fût-il déclaré universel, elle suppose un contenu, un projet politique destiné à accompagner l'évolution de la société. La démocratie sociale, aboutissement de la démocratie politique, se donne pour ambition une égalité que la liberté théorique acquise par chaque individu n'assure pas concrètement. La démocratie apparaît plus comme une construction, réalisée par l'action du pouvoir ou avec son soutien, que comme une sorte de préalable institutionnel dont la mise en place ouvrirait naturellement la voie à une amélioration de la condition humaine.

Attachée à libérer l'individu de toutes les formes d'oppression sociale ou économique, soucieuse de faire disparaître les rapports de domination, la démocratie sociale est parvenue à doter la démocratie d'un projet politique.

Démocratie participative

À mi-chemin entre démocratie directe et démocratie représentative, la démocratie participative commence à émerger. Elle retient de l'une la capacité du peuple à peser sur le contenu de la décision politique et conserve de l'autre la capacité de prendre les décisions relevant des champs de compétence des autorités légitimes.

Porto Alegre

Dans la capitale de l'État du Rio Grande do Sul, au Brésil, la municipalité a institué depuis 1988 un système de « budget participatif ». Les citoyens débattent des priorités budgétaires et désignent des délégués qui les soumettront au conseil municipal.

Une autre façon de faire de la politique ?

L'État dispose d'une taille qui rend malaisée, pour les citoyens, l'organisation de la discussion politique. Des mécanismes, comme le droit de pétition et des procédures d'enquête publique, ont été mis en place pour remédier à la distance créée par la représentation. Mais ces dispositifs s'inscrivent plus dans une logique de protestation ou d'information que de construction ; leur encadrement procédural et leur portée limitée ont suscité l'invention d'une nouvelle façon d'aborder le débat politique, essentiellement dans un cadre local. Depuis peu, des démarches initialement protestataires ont tenté, à l'échelle nationale et planétaire, de se pourvoir d'une capacité de proposition; le mouvement contre la mondialisation*, par exemple, s'est mué en mouvement d'altermondialisation. L'autogestion retrouve, au travers de la promotion d'une capacité de débat, d'interpellation et de délibération, des vertus qui méritent approfondissement. Cependant, cette démocratie participative reste encore à construire, car la pratique démontre que l'implication des citoyens, notamment au sein des associations de quartier, reproduit des phénomènes d'exclusion : seuls les plus intégrés socialement s'engagent, alors que les plus démunis ne disposent ni des réflexes ni des relais sociaux pour se faire entendre. Trop souvent, la participation se limite à l'expression d'une prise de parti sur les enjeux définis par les autorités investies du pouvoir final de décision.

Un autre regard sur les mécanismes de la démocratie

Forum social mondial de Porto Alegre (2001). Protestation mondiale contre le néolibéralisme imposé par les grandes puissances.

La démocratie représentative crée un hiatus entre les aspirations du peuple et les décisions des autorités politiques. Pour tenter de le combler, le professeur Dominique Rousseau et Marcel Gauchet (*voir* bibliographie), l'un avec le concept de « démocratie continue », l'autre avec celui de « peuple perpétuel », ont cherché à repérer les modalités permettant de redonner une substance à la volonté des représentés. Ils font écho à la conception de la démocratie exprimée par le philosophe Alain : « *Ce qui définit la démocratie, ce n'est pas l'origine des pouvoirs, c'est le contrôle continu et efficace que les gouvernés exercent sur les gouvernants.* » Un tel contrôle peut se concevoir en amont de l'élaboration de la décision par une consultation ouverte, au moyen des sondages d'opinion, par le truchement des médias. Lorsque la décision est prise, la censure que peut exercer le juge (constitutionnel ou administratif) permet de faire prévaloir les principes de droit sur lesquels est fondé le pacte social. Seule limite : cette sollicitation de l'opinion publique ou du justiciable ne doit pas faire émerger une démocratie d'opinion versatile désertée de tout volontarisme politique ou une démocratie acrimonieuse animée par des intérêts égoïstes.

La démocratie participative, attachée à redonner sa place au principe délibératif dans la décision politique, permet, à la condition d'être animée d'une conscience civique forte, de rendre moins fictive l'expression de la volonté générale.

Les usages abusifs du terme

Les vertus reconnues à la démocratie et la tentation d'en faire une « fin de l'Histoire » ont contribué à en banaliser la signification et autorisé le développement d'usages du terme sans rapport réel avec sa signification première.

Les dangers de l'inflation verbale

La démocratie et la citoyenneté ne sont jamais totalement exemptes de jugements de valeur sur les réalités auxquelles on les applique. Comme si, par-delà les procédures, les règles juridiques ou les principes de philosophie politique, se profilait un état d'esprit, une conviction ou plus simplement une fonction rhétorique. Dire d'une pratique, d'une attitude, parfois d'un régime qu'ils sont démocratiques induit une appréciation positive. Tout devient citoyen, de l'entreprise au café. Une telle dérive, génératrice d'une idéalisation du mot, n'est pas sans danger dès lors qu'elle s'accompagne d'une indigence dans l'analyse et conduit à substituer un jugement moral à une appréciation de nature politique. À cela s'ajoute la tentation d'accoler au substantif un adjectif destiné à en renforcer la portée symbolique. Ainsi parle-t-on, par exemple, de « démocratie de proximité ».

L'extrême droite

L'évolution de son discours public mérite une attention particulière. Après avoir clairement affiché une culture autoritaire, ennemie tant de la démocratie (qualifiée de « démocrasouille ») que de la république (« la gueuse »), l'extrême droite tente de s'emparer des règles et des principes démocratiques pour s'en faire un rempart de respectabilité et stigmatiser ses adversaires.

Novembre 1989 : la chute du mur de Berlin marque l'effondrement du bloc communiste.

Les fausses qualifications

L'inflation verbale tend à appauvrir le mot de démocratie en banalisant sa signification politique. Le contresens que représente l'application du qualificatif démocratique à des régimes qui en ignorent jusqu'aux principes les plus élémentaires en travestit la signification. Ainsi vit-on naître, derrière le rideau de fer, des démocraties populaires à parti unique, détenteur de la totalité du pouvoir, interdisant toute compétition démocratique libre et muselant la liberté d'expression. Nombre de Constitutions font, aujourd'hui encore, référence au caractère démocratique des régimes qu'elles organisent, alors qu'y fait défaut ce qui en constitue le fondement (élections libres, partis d'opposition…).

La fin de l'Histoire

Hegel* voyait dans la victoire de la démocratie au sein de l'État-nation le signe d'une fin de l'Histoire. La même thématique fut reprise par l'historien américain Francis Fukuyama au lendemain de l'implosion du bloc communiste. Il considérait que la victoire de la démocratie, appuyée sur l'économie de marché, s'inscrivait dans un mouvement logique et irrésistible en direction d'un anéantissement des logiques totalitaires. Exprimée dans l'enthousiasme des lendemains de l'effondrement du mur de Berlin, cette thèse pouvait sembler pleine de séduction. Peu de temps suffit à en démontrer les limites. L'opulence n'ayant pas été au rendez-vous, la démocratie, avec sa complexité délibérative, créa plus de désillusions que d'adhésions enthousiastes. Ces désillusions ne tardèrent pas à se manifester au profit de leaders populistes qui, à défaut d'espérances, offraient des boucs émissaires pour cacher les difficultés du mouvement. Au sein de sociétés multiethniques qui avaient vécu dans l'illusion d'une unité idéologique, les crispations identitaires ne manquaient pas et l'identification des responsables des malheurs de l'heure se révélait commode.

La « guerre juste » ou le volontarisme démocratique

Les néoconservateurs américains qui inspirent l'administration du président George W. Bush ont développé l'idée que la guerre pouvait trouver une justification dans la lutte pour le Bien, représentant la démocratie. L'Histoire démontre qu'à ce jour aucune démocratie n'a poussé spontanément à l'ombre des canons.

> La démocratie souffre autant de l'enthousiasme de ses défenseurs, qui sont souvent tentés de la muer en jugement de valeur, que du cynisme de ses adversaires. Ces derniers s'approprient le mot pour mieux cacher le mépris qu'ils affichent pour la réalité qu'il recouvre.

Le coût de la démocratie

La démocratie a un coût. Cette évidence est longtemps restée inexprimée, et ce n'est que récemment, sous l'éclairage de certaines dérives, que des dispositions législatives sont venues introduire les éléments d'une moralisation de la vie publique.

La démocratie et l'argent

Pour Montesquieu*, comme pour des conventionnels français en 1792, la vertu constituait la meilleure garantie de l'esprit démocratique. L'exercice de responsabilités électives ne pouvait donner lieu à rémunération au profit de ceux qui en étaient investis. Et cependant, dès l'Antiquité grecque, l'existence de disparités de fortune était de nature à conférer une dimension théorique au principe d'égalité entre les citoyens. Seuls ceux qui disposaient de revenus personnels suffisants avaient quelque chance d'accéder à l'exercice de fonctions publiques. Cette réalité a acquis une dimension plus claire encore dans les démocraties modernes, qui fonctionnent essentiellement sur le modèle de la représentation. Si l'on souhaite que l'activité politique ne soit pas réservée aux seuls détenteurs d'une fortune personnelle, si, par ailleurs, l'on désire éviter les tentations en instaurant un système d'incompatibilité entre les fonctions électives et des activités rémunérées, la contrepartie nécessaire réside dans l'instauration d'une juste rémunération au profit de ceux qui font le choix de consacrer leur temps aux affaires publiques.

Le danger de corruption

Les campagnes électorales, l'organisation du débat politique par les partis politiques imposent la mobilisation de moyens financiers qui n'ont cessé de croître en même temps que se développait le recours à des procédés inspirés de la publicité. Les intérêts et les attentes de l'électeur sont mesurés à l'aide de sondages; son adhésion est suscitée par les campagnes publicitaires. Les campagnes électorales américaines le démontrent jusqu'à la caricature. La disproportion évidente entre les moyens dont disposent en propre les candidats ou les partis politiques et le coût d'une telle communication politique ont déterminé la recherche de financements nouveaux révélant de possibles dérives. Certains, à la légalité douteuse, ont suscité une réaction judiciaire, comme l'opération « Mani pulite » (Mains propres) en Italie ou le déferlement des « affaires » des années 1990 dans les démocraties européennes. D'autres ont fait craindre l'émergence d'une dépendance de certains élus à l'égard de leurs bailleurs de fonds. Enfin, des situations d'enrichissement personnel ont contribué à ruiner les bases morales de la démocratie.

Quelques exemples de plafonds de dépenses électorales en France :

(article L.52-11 du code électoral)
- Élection présidentielle : 13,1 millions d'euros par candidat présent au 1er tour, portés à 18,1 millions d'euros pour chacun des deux candidats présents au second tour
- Élections législatives : 38 000 euros plus 0,15 euro par habitant de la circonscription.

La recherche de solutions

Certains pays, comme la Grande-Bretagne, ont adopté très tôt (1883) des dispositions de nature à moraliser la vie publique en plafonnant les dépenses électorales. C'est vers la fin des années 1960 que la prise de conscience commença à produire des effets en Allemagne (1967), en Italie (1974) ou en Espagne (1977). En France, il fallut attendre 1988 pour que soit instauré un financement public des partis politiques, puis une réglementation de leur financement privé, enfin un plafonnement de leurs dépenses de campagne électorale. D'autres dispositions devaient suivre, notamment en 1990, 1993, 1995 et 1996, destinées à renforcer le dispositif mis en place. Des sanctions pénales ou sous forme d'inéligibilité ont contribué à donner au système une certaine efficacité.

Si les réformes adoptées ont permis de moraliser la vie démocratique, les tentations ne semblent pas avoir totalement disparu.

Les confiscations de la démocratie

La démocratie est un régime fragile qui n'existe et ne survit qu'au travers de la vigilance des citoyens qui l'instituent. Nombre de dangers la guettent, dont le plus grave est celui d'une confiscation du pouvoir du peuple.

Les inquiétudes récurrentes

Tocqueville* craignait que la démocratie ne périsse, victime d'une « *servitude réglée, douce et paisible* » issue d'un conformisme majoritaire. Cette idée fait écho à des convictions qui ne conçoivent la liberté que « sauvage », c'est-à-dire libérée des contraintes du contrat social*. Telle était l'opinion d'Étienne de La Boétie (écrivain français – 1530-1563). Elle fut également exprimée sur un mode différent, dans l'Amérique du XIXe siècle (*voir* pp. 30-31), par Henry David Thoreau l'inventeur de la désobéissance civile.

Communication militaire sur l'opération « Tempête du désert ». Les informations fournies aux médias sont d'abord « revisitées » par l'armée.

La confiscation par les experts

La confiscation la plus évidente est l'œuvre des experts. Dans un monde devenu complexe se dessine une capitulation progressive de la proposition politique. Désormais, gouverner, c'est avant tout savoir et disposer des instruments d'analyse qui rendront la réalité compréhensible. La vraie légitimité* devient celle de l'analyse proposée plus que du résultat obtenu. Les experts ont acquis le statut de nouveaux clercs. La politique en vient à se résumer à une gestion micro-conjoncturelle des informations délivrées par les indicateurs économiques. Plus de projet ni d'utopie, mais un citoyen réduit à l'état de consommateur dont la mesure du moral a remplacé la capacité revendicative.

La confiscation par les médias

La démocratie d'opinion est dominée par les médias. Il n'est de vérité, et encore est-elle transitoire, que médiatiquement sanctionnée. Au présent mal déchiffrable s'oppose l'image proposée par les médias: simplificatrice, sensationnelle, valable dans l'instant, parfois falsificatrice et complaisante. Ce que les citoyens perdent en connaissance réelle de leur univers, les politiques ne le récupèrent pas en puissance. Informés par les sondages, les gouvernants peuvent avoir tendance à privilégier ce que souhaite l'opinion par rapport à ce que pourrait exiger l'intérêt général. Le dialogue nécessaire entre citoyens et représentants élus y perd en authenticité. La seule vérité qui compte, en dernière analyse, c'est celle de l'élection ou de la réélection, de moins en moins celle du programme et des choix démocratiquement débattus.

La confiscation par les élus

À cela s'ajoute un phénomène inquiétant d'autonomisation de la « classe politique » par rapport à la « société civile » qui fait craindre une ultime confiscation (la plus dangereuse peut-être) : celle des élus. L'érosion de la participation électorale laisse supposer un désintérêt pour une compétition qui a perdu l'essentiel de sa dimension idéologique et se réduit à la sélection d'élites gouvernantes autour d'un minimum programmatique commun dont la pauvreté serait justifiée par l'existence de déterminants économiques intransgressables. L'antiparlementarisme, qu'induit cette exténuation de la puissance politique, ne fut jamais de bon conseil. D'autant que la crise du politique, dans l'espace démocratique, doit autant à une crise de la citoyenneté qu'à une crise de la représentation. En clair, une démocratie génère la représentation qu'elle mérite.

Les sondages d'opinion

Si l'on ne peut contester l'intérêt scientifique que présente cet instrument de mesure de l'opinion publique, l'on ne doit cependant pas sous-estimer le danger d'émergence d'une démocratie d'émotion dans laquelle l'action des gouvernants se contenterait de traduire les variations de l'opinion publique.

Fondée sur la souveraineté* du peuple, la démocratie ne peut se maintenir que soutenue par la vigilance critique des citoyens à l'égard de la confiscation de leur pouvoir.

L'indifférence civique

Signe tangible d'un doute sur la capacité de la démocratie à prendre en compte les attentes des citoyens, le développement de phénomènes d'abstention ou de « dissidence électorale » conduit parfois à la réduire à une procédure de selection des élites.

Élection présidentielle française de 2002

Lors du premier tour, qui s'est déroulé le 21 avril 2002, l'addition des votes protestataires représentait plus de 42 % des suffrages exprimés.

La montée de l'abstention et des votes de dissidence

En France, l'on a longtemps mesuré l'importance politique des scrutins à l'intensité de la participation électorale. Si les élections présidentielles, législatives ou municipales connaissaient des taux d'abstention particulièrement bas, à l'inverse, les élections cantonales, puis régionales et européennes, étaient traditionnellement boudées par un pourcentage significatif d'électeurs. Puis, à partir des années 1980, un mouvement lent mais continu de désaffection civique s'est développé. Dans le même temps, la croissance de l'abstention s'est prolongée au travers de comportements électoraux de type plus explicitement critique, tels la non-inscription sur les listes électorales ou le vote protestataire. Ce dernier bénéficie à des partis qui affichent clairement leur refus de participer

Quelques bureaux de vote vides, illustrant le désintérêt des électeurs pour la politique en général.

au jeu démocratique. Dans certains pays comme les États-Unis, l'abstention atteint des pourcentages qui avoisinent la moitié du corps électoral et concerne, prioritairement, les électeurs issus des catégories sociales ou ethniques les moins intégrées. En Europe, dans les États membres de l'Union européenne comme dans les pays d'Europe centrale et orientale fraîchement conquis aux mérites de la démocratie, la montée des partis d'extrême droite, porteurs de messages ouvertement xénophobes, a pu être observée lors des derniers scrutins.

Le vote obligatoire

Un certain nombre de pays, comme la Belgique, ont institué le vote obligatoire. Les citoyens qui n'exercent pas leur devoir civique encourent une amende.

Le signe d'un doute sur les valeurs

La conviction, énoncée au lendemain de l'effondrement du mur de Berlin, d'une fin de l'Histoire que marquerait la victoire de la démocratie appuyée sur l'économie de marché a pu, un bref moment, revêtir la forme d'une évidence. Or l'émergence de crispations identitaires de type religieux ou nationaliste enlève à la démocratie une part essentielle de ce qui constituait sa vertu: la possibilité offerte à des individus égaux en droits de confronter leurs convictions afin de construire un bien commun par-delà leurs appartenances. Par ailleurs, un doute de plus en plus grand s'exprime sur l'aptitude de la politique à changer l'ordre du monde. L'incapacité collective à penser l'avenir, la valorisation de politiques conjoncturelles, la difficulté à percevoir les lieux dans lesquels se joue réellement le futur, un désenchantement croissant à l'égard des représentants constituent autant de prétextes à la désertion civique et autant de justifications d'une tentation protestataire. La conscience civique tend à se déployer dans des stratégies de consommation électorale, de « zapping » politique. La désaffection électorale est très souvent le prolongement obligé d'une désaffiliation des structures partisanes, syndicales ou associatives, au travers desquelles se tisse la trame du tissu social. La sociologie électorale peine à identifier les électeurs, méfiants à l'égard des systèmes idéologiques, peu engagés, imprévisibles, qui le plus souvent votent ou s'abstiennent en fonction de leurs humeurs.

Souvent réduite à des pratiques vides de sens dont se détournent les citoyens, la démocratie semble guettée par une maladie de langueur aux conséquences redoutables.

La question de la représentation

Si la démocratie représentative comporte des éléments incontestablement démocratiques, comme l'égalité en droit des citoyens, ceux-ci coexistent avec des caractères aristocratiques, comme la constitution d'une classe gouvernante.

> **La loi d'airain de l'oligarchie**
>
> **Selon Robert Michels (1876-1936), tout système politique démocratique produit nécessairement une oligarchie qui aura tendance à créer les conditions de sa perpétuation. Déjà Platon*, Aristote* ou Montesquieu* évoquaient l'idée d'une perversion de toutes les formes politiques pures.**

Classe politique et société civile

Et si la démocratie était une affaire trop importante pour être confiée au peuple ? Le peuple devrait-il se limiter à sélectionner ceux qu'il estime dignes de le représenter par leur compétence et par la qualité de leurs propositions ? Le vote, opérant comme un filtre, identifierait les meilleurs. C'est dans ces questions que réside l'ambiguïté de la démocratie représentative. Une élite gouvernante dotée de ses codes, de ses connivences, de ses habitudes se dégage. Une distance doit nécessairement exister entre les attentes des représentés et le traitement qu'en font les représentants. Rien ne serait pire qu'une représentation-miroir : concordance des actions des représentants avec les évolutions de l'opinion publique. Au mieux, elle produirait de l'incertitude, au pire, une dérive populiste. Max Weber (sociologue allemand – 1864-1920) pressentait une telle évolution sous la pression de la complexité croissante des problèmes que le monde contemporain soumet à l'attention du pouvoir politique. Certains théoriciens ont été jusqu'aux limites des conséquences qu'impliquait un tel constat. Ainsi Anthony Downs (politiste américain) a-t-il présenté les électeurs comme des consommateurs confrontés à une offre politique ouverte et compétitive. Cette césure entre représentants et représentés n'aurait guère de conséquences si était sauvegardée une capacité réelle pour tout citoyen de se muer en représentant.

Le temps du doute

Le danger est de faire de la dénonciation de la classe politique l'instrument d'une critique radicale de la démocratie. Les démagogues ont trouvé là, et depuis les origines de la démocratie, le moyen de nourrir leurs ambitions. Dans un tout autre registre, comme l'a fort bien démontré Pierre Bourdieu (sociologue français – 1930-2002), il existe un phénomène de reproduction des appartenances culturelles, des connivences de grandes écoles, des cultures de grands corps qui domine le recrutement des gouvernants. Dans la durée, cela perpétue les héritages dont le système scolaire a pu se faire le complice. Si l'on ajoute à cela la longueur de la plupart des carrières politiques, l'éloignement constaté entre le langage du pouvoir et les aspirations du peuple, l'on peut concevoir que l'idée même de représentation soit parfois mise en doute. Ce dont la représentation a besoin pour rester démocratiquement acceptée, c'est du maintien d'une certaine fierté chez les représentés d'avoir fait des choix qui les honorent au travers des qualités de ceux qu'ils ont choisis. Par ailleurs, si la politique est chose sérieuse, en faire une profession est radicalement contradictoire avec l'idée même de démocratie. Il n'est pas concevable de permettre à chaque catégorie de la population d'être représentée, car la démocratie y perdrait son caractère républicain. Dans l'absolu, il faut que chaque représentant se sache d'abord citoyen et que chaque citoyen ait la possibilité de se rêver représentant en ayant conscience que ce rêve est à portée de sa capacité d'engagement et de conviction.

La « France d'en haut »

Dans une période où le sens de la formule l'emporte sur la recherche d'un sens de l'action politique, la « France d'en haut » a été opposée à la « France d'en bas ». Curieuse vision des choses qui ne peut que renforcer la défiance à l'égard du principe de représentation.

Les interrogations qui naissent concernant la fonction de la représentation dans les systèmes démocratiques modernes sont vraisemblablement celles qui imposent au plus vite la formulation de réponses claires.

Démocratie et économie de marché

Apparues en même temps, la démocratie moderne et l'économie de marché présentent des traits communs conduisant à les considérer comme indissociables. L'affirmation mérite d'être relativisée.

Crise économique et démocratie

Si la crise économique de 1929 a favorisé la montée de mouvements qui remettaient en cause la démocratie, l'on peut également constater qu'en devenant sociale la démocratie est parvenue à maîtriser la dérive inégalitaire de l'économie libérale.

Une convergence historique

Pour les révolutionnaires français de 1789, la Déclaration des droits de l'homme et du citoyen s'est accompagnée de l'affirmation d'une nécessaire liberté du commerce et de l'industrie. Il existe une parenté entre la théorie de la « main invisible » (la rencontre sur le marché des intérêts individuels permet de définir un ordre économique stable), développée par Adam Smith (philosophe et économiste écossais – 1723-1790), l'empirisme de David Hume (philosophe anglais – 1711-1776) et la théorie rousseauiste du contrat social*. En 1989, la chute du mur de Berlin a marqué le double effondrement d'une pratique politique autoritaire et d'une économie étatisée. Plus récemment, les États candidats à une adhésion à l'Union européenne se voient imposer le respect de critères définis en 1993 que sont la démocratie et une aptitude à se conformer aux exigences d'une économie de marché.

Un soutien réciproque

La pratique démontre que la croissance des niveaux de vie, dont on crédite l'économie de marché, a fortifié l'assise de la démocratie. La croissance économique a permis d'assurer le financement d'investissements essentiels (protection sociale, santé, éducation...) qui ont contribué à renforcer le sentiment de légitimité* de l'État en même temps que des revendications sociales trouvaient réponse.

La cohésion sociale, par-delà des conflits idéologiques forts, s'en est trouvée accrue. L'on peut ajouter que les idées de compétition, de concurrence, moteurs de l'économie de marché, se retrouvent au cœur du mécanisme démocratique. Par sa capacité de traitement des conflits et l'arbitrage qu'elle autorise de la part d'une puissance publique, la démocratie, en devenant sociale, a permis d'amortir les conséquences parfois brutales d'une concurrence économique sans règles.

Économie libérale et dictature

Il n'est pas rare que des pays démocratiques, comme les États-Unis ou la France, se soient satisfaits de la présence de régimes autoritaires – quand ils ne les ont pas suscités – dans des régions où leurs intérêts économiques étaient en jeu (Afrique, Chili, Birmanie, Moyen-Orient...).

Une complémentarité contestée

La découverte des vertus de l'économie de marché par les anciennes démocraties populaires ne s'est pas accompagnée d'une même conviction dans les pratiques démocratiques. La Chine populaire reste une dictature, et cependant le marché s'y développe. Les politiques libérales qui ont été conduites aux États-Unis, en Grande-Bretagne ou au Chili démontrent qu'à défaut d'un arbitrage minimal de l'intérêt général et de la sauvegarde d'un espace pour des services publics la loi du marché peut se révéler destructrice du lien social et pourvoyeuse d'exclusions. Il n'y a pas de démocratie concevable sans une capacité permanente à tisser un lien social. S'il favorise son implantation, le marché ne crée pas la démocratie. Contrairement à ce que pensait Adam Smith, seule une action volontariste des pouvoirs publics est de nature à créer les conditions d'une acceptation du système social sans lequel il n'est pas de démocratie possible. Le débat qui fut longtemps circonscrit dans le cadre national a acquis une dimension internationale. L'infirmité démocratique des constructions institutionnelles mises en place dans ce cadre fait craindre de possibles dérives d'un marché affranchi de toute préoccupation d'intérêt général.

Même si l'économie de marché s'est développée parallèlement à la démocratie, cette dernière ne saurait se réduire à la gestion des déterminismes imposés par le marché. Il n'est de démocratie concevable qu'animée par un volontarisme politique.

La démocratie constitue-t-elle une conquête ou un acquis ?

La démocratie est devenue une référence pour certains, l'expression même d'une fin heureuse de l'Histoire. Cependant, l'extension régulière du nombre des États qui s'en réclament n'en a pas totalement fait disparaître la fragilité.

Une grande inondation démocratique

Après l'ébranlement révolutionnaire américain, puis français, la démocratie va s'inscrire dans un lent mouvement d'universalisation. Au départ, les conquêtes seront modestes et fragiles. Il faudra attendre 1848 pour qu'en France le suffrage devienne universel. Au même moment, des évolutions constitutionnelles d'inspiration démocratique s'opèrent en Italie, en Autriche et en Allemagne. Dès la fin du XIXe siècle, la pression du mouvement ouvrier constituera, en Europe notamment, un puissant facteur d'accélération du mouvement de démocratisation des institutions. La défaite des principaux totalitarismes d'inspiration fasciste ou nationale-socialiste en 1945, l'effondrement de l'URSS et des démocraties populaires en 1989 ont fait croire à une victoire finale de la démocratie appuyée sur l'économie de marché. Dans l'ordre international s'est progressivement imposée l'idée d'un droit d'ingérence (remise en cause de la souveraineté de certains États au nom de principes supérieurs), au départ humanitaire, que certains voudraient rendre démocratique. L'impunité n'est désormais plus acquise aux dictateurs.

Cour pénale internationale

Le 18 juillet 1998 a été signé, à Rome, le traité créant une Cour pénale internationale chargée de juger les auteurs de crimes qui touchent l'ensemble de la communauté internationale (génocides, crimes contre l'humanité, crimes de guerre, agressions).

La fragilité des démocraties

Nombre d'États, parmi les plus pauvres, restent encore gouvernés par des dictatures. Le XXe siècle nous a également appris que des retours en arrière brutaux n'étaient jamais à exclure. Parmi les pays nouvellement entrés dans l'ère démocratique, l'émergence de crispations nationalistes exprime une évidente désillusion face à une attente trop forte d'amélioration des conditions d'existence. Ils ont oublié que c'est une histoire longue et parfois douloureuse qui a permis aux vieilles démocraties d'inventer une conception de l'intérêt général qui ne réduise pas trop la complexité sociale. Au sein des démocraties les mieux installées, le recul de l'esprit civique, le retour des logiques identitaires, dont les effets sont mesurés par les sondages, se font jour. La démocratie n'est ni un luxe ni un acquis, mais le produit d'une vigilance constante.

Les dangers du populisme

L'un des dangers majeurs qui guettent les démocraties, dénoncé dès l'Antiquité, réside dans le développement du discours des démagogues qui, dans les périodes de crise, cherchent à flatter le peuple en donnant des réponses simplistes à ses inquiétudes.

Des conquêtes qui restent à construire

Le combat démocratique n'est pas terminé. Le lien ancien entre nationalité et citoyenneté doit être soumis à critique. Dans un monde ouvert et affecté par des phénomènes migratoires d'une ampleur sans précédent, le sanctuaire de l'État-nation ne peut plus se voir attribuer une capacité exclusive à construire le lien politique démocratique. La reconnaissance du droit de vote des étrangers cesse d'être un enjeu politique pour devenir une urgence à traduire en actes. À l'heure où la société internationale tente de poser le repère démocratique comme critère de jugement des pratiques gouvernementales, il convient que les citoyens admettent que l'horizon national ne peut plus borner la recherche de l'exigence démocratique. Des espaces publics nouveaux doivent être inventés, au sein desquels une société civile ouverte et construite apprendra à formuler ses revendications et à concevoir une définition du bien commun prêtant attention à un avenir de dimension planétaire.

La démocratie reste un régime politique fragile. L'espace de liberté et de débats qu'elle permet de construire peut servir de caisse de résonance à des opinions ou des pratiques qui, telles le terrorisme, peuvent en ruiner les fondements.

Glossaire

Aristote : philosophe grec (384-322 avant J.-C.) qui fonda une école philosophique : le Lycée. Pour lui, l'homme est par essence citoyen, membre d'une société politique organisée.

Contrat social : expression de Hobbes (XVIIe siècle). Les hommes doivent sortir d'un état de nature destructeur afin de se soumettre au pouvoir du Léviathan. Rousseau* l'a reprise pour désigner l'acte d'union des citoyens pour former le pouvoir souverain.

Démocratie parlementaire : système politique. Le pouvoir est confié aux forces politiques détenant la majorité au sein de l'Assemblée.
Le gouvernement, issu de la majorité parlementaire, est responsable devant elle et peut procéder à sa dissolution.

Habermas (Jürgen) : sociologue allemand (né en 1929). Ses recherches passent par la critique du marxisme, une interrogation sur la fonction de l'espace public et de la communication dans les sociétés modernes. Ses travaux actuels ont trait à l'hypothèse d'un dépassement de l'État-nation.

Hegel (Georg Wilhelm Friedrich) : philosophe allemand (1770-1831) concepteur d'une pensée complexe et à prétention totalisante. Dans ses *Principes de philosophie du droit*, il insiste sur le lien existant entre État et liberté.

Légitimité : dans un régime démocratique, qualité du pouvoir qui trouve son fondement dans l'assentiment des citoyens et dont les décisions sont exécutées volontairement.

Maastricht (traité de) : signé le 7 février 1992, il crée l'Union européenne. À côté d'une union économique et monétaire concrétisée par la création de l'euro, il institue une union politique dont l'un des fondements est la reconnaissance d'une « citoyenneté de l'Union ».

Marx (Karl) : philosophe et économiste allemand (1818-1883). Influencé par Hegel*, il pose les bases du matérialisme historique et considère la lutte des classes comme le moteur de l'Histoire : « *Seul le prolétariat est une classe révolutionnaire.* »

Mondialisation : état du monde contemporain dominé par un renforcement des interdépendances économiques, culturelles et politiques, dont le développement affecte les droits souverains des États.

Montesquieu (Charles de) : juriste et penseur politique français (1689-1755). Par sa théorie fondée sur la séparation des pouvoirs, il invente une forme de limitation du pouvoir. Avec *De l'esprit des lois* (1748), il crée la science politique moderne, s'attachant à analyser les comportements humains et l'évolution des régimes politiques.

Périclès : homme d'État athénien (495-429 avant J.-C.). Stratège puis chef du parti populaire, il tiendra son pouvoir de la confiance de l'assemblée des citoyens.

Platon : philosophe grec (428-347 avant J.-C.) soucieux de former un prince-philosophe. Adversaire de la démocratie, il y voyait le pouvoir égoïste de la multitude soumise aux discours des sophistes.

Proudhon (Pierre-Joseph) : théoricien socialiste français (1809-1865). D'inspiration anarchiste, il condamne le rôle de l'État. Le peuple doit s'organiser sur la base d'un équilibre mutuel entre forces libres.

Rawls (John) : philosophe américain (1921-2002). Sa *Théorie de la justice* donne un fondement philosophique à l'État-providence. Il défend un libéralisme tempéré par l'exigence morale d'équité.

Rousseau (Jean-Jacques) : écrivain français (1712-1778). Dans son *Contrat social* (1762), il fonde l'existence du pouvoir et sa légitimité* sur la rencontre de volontés individuelles égales.

Souveraineté : chez Bodin, attribut juridique définissant la puissance de l'État. Dans la conception démocratique du pouvoir, la souveraineté est attribuée soit au peuple, soit à la nation.

Tocqueville (Alexis de) : historien, sociologue et homme politique français (1805-1859). Dans *De la démocratie en Amérique* (1840) et *L'Ancien Régime et la Révolution* (1856), il juge la démocratie trop soucieuse d'égalisation des statuts.

Bibliographie

Les théories de la démocratie

HABERMAS (Jürgen),
L'Espace public : archéologie de la publicité comme dimension constitutive de la société bourgeoise, coll. « Critique de la politique », Payot, 2003.

LEFORT (Claude),
L'Invention démocratique : les limites de la démocratie totalitaire, Fayard, 1981.

MANIN (Bernard),
Principes du gouvernement représentatif, coll. « Champs », Flammarion, 1996.

ROUSSEAU (Jean-Jacques),
Du contrat social, coll. « Folio Essais », Gallimard, 1993.

SCHNAPPER (Dominique),
La Démocratie providentielle : essai sur l'égalité contemporaine, coll. « NRF Essais », Gallimard, 2002.

TERREL (Jean),
Les Théories du pacte social : droit naturel, souveraineté et contrat de Bodin à Rousseau, coll. « Points Essais », Seuil, 2001.

Bibliographie (suite)

Tocqueville (Alexis de), *De la démocratie en Amérique* (vol. 1 et 2, 1986), coll. « Folio Histoire », Gallimard, 1992.

Études sur la démocratie

Braud (Philippe), *La Démocratie politique,* coll. « Points Essais », Seuil, 2003.
Burdeau (Georges), *La Démocratie,* coll. « Points Politique », Seuil, 1978.
Duhamel (Olivier), *Les Démocraties : régimes, histoire, exigences,* coll. « Science politique », Seuil, 1993.
Haddas-Lebel (Raphaël), *Les 101 mots de la démocratie française,* Odile Jacob, 2002.
Reynié (Dominique), *Le Triomphe de l'opinion publique : l'espace public français, XVIe-XXe siècle,* Odile Jacob, 1998.
Schnapper (Dominique), *Qu'est-ce que la citoyenneté ?,* coll. « Folio Actuel », Gallimard, 2000.
Touraine (Alain), *Qu'est-ce que la démocratie ?,* coll. « Biblio Essais », LGF, 1997.

Histoire de la démocratie

Gauchet (Marcel), *La Révolution des pouvoirs : la souveraineté, le peuple et la représentation : 1789-1799,* coll. « Bibliothèque des histoires », Gallimard, 1995.
Nicolet (Claude), *Le Métier de citoyen dans la Rome républicaine,* coll. « Tel », Gallimard, 1989.
Rosenvallon (Pierre), *Le Peuple introuvable : histoire de la représentation démocratique en France,* coll. « Folio Histoire », Gallimard, 2002.
Rosenvallon (Pierre), *La Démocratie inachevée : histoire de la souveraineté du peuple en France,* coll. « Bibliothèque des histoires », Gallimard, 2000.

Le droit de vote

Garrigou (Alain), *Histoire sociale du suffrage universel en France : 1848-2000,* coll. « Points Histoire », Seuil, 2002.
Perrineau (Pascal) et Reynie (Dominique) (dir.), *Dictionnaire du vote,* coll. « Grands Dictionnaires », PUF, 2001.
Rosenvallon (Pierre), *Le Sacre du citoyen : histoire du suffrage universel en France,* coll. « Folio Histoire », Gallimard, 2001.
Weil (Patrick), *Qu'est-ce qu'un Français ? Histoire de la nationalité française de la Révolution à nos jours,* Grasset, 2002.

L'Europe

Quermonne (Jean-Louis), *L'Europe en quête de légitimité,* coll. « La Bibliothèque du citoyen », Presses de Sciences Po, 2001.

WIHTOL DE WENDEN (Catherine), *La Citoyenneté européenne,* coll. « La Bibliothèque du citoyen », Presses de Sciences Po, 1997.
WOLTON (Dominique), *Naissance de l'Europe démocratique : la dernière utopie,* coll. « Champs », Flammarion, 1997.

Interrogations

BELLON (André) et ROBERT (Anne-Cécile), *Le Peuple inattendu,* coll. « Arguments et Mouvements », Syllepse, 2003.
GAUCHET (Marcel), *La Démocratie contre elle-même,* coll. « Tel », Gallimard, 2002.
KYMLICKA, *La Citoyenneté multiculturelle : une théorie libérale du droit des minorités,* coll. « Textes à l'appui, Politique et Société », La Découverte, 2001.
ROMAN (Joël), *La Démocratie des individus,* Calmann-Lévy, 1998.

Index

Le numéro de renvoi correspond à la double page.

Dans la collection *Les Essentiels Milan*
derniers titres parus

Dans la collection *Les Essentiels Milan Junior*
derniers titres parus

Responsable éditorial
Bernard Garaude
Directeur de collection
Dominique Auzel
Suivi éditorial
Cécile Clerc
Assistante d'édition
Géraldine Tranchant
Correction-Révision
Élisée Georgev
Maquette
Anne Heym
Iconographie
Anne Lauprète /Isabelle Fléouter
Conception graphique et couverture
Bruno Douin
Fabrication
Isabelle Gaudon /Magali Martin

Crédit photos

p. 3 : © Rue des Archives / p. 4 : © Rue des Archives - The Granger Collection NYC / p. 12 : © Rue des Archives - The Granger Collection NYC
p. 17: © R. Dazy - Rue des Archives
p. 18 : © Rue des Archives / p. 25 : © O. Franken - Corbis / p. 26 : © Rue des Archives / p.31 : © Archivo Iconografico, S. A. - Corbis / p. 39 : © G. Cerles - AFP
p. 45: © T. D. VO - Corbis Sygma / p. 46 : © P. Turnley - Corbis / p. 50 : © Corbis
p. 52 : © J. B. Vernier - Corbis Sygma

Les erreurs ou omissions involontaires qui auraient pu subsister dans cet ouvrage malgré les soins et les contrôles de l'équipe de rédaction ne sauraient engager la responsabilité de l'éditeur.

300, rue Léon-Joulin,
31101 Toulouse Cedex 9 France

Loi 49.956 du 16.07.1949
ISBN : 2-7459-1121-X
D. L. 3ème trimestre 2003
Aubin Imprimeur, 86240 Ligugé
Imprimé en France